山林裡的
南島語族

台灣原住民族群的形成論

陳有貝 著

Ainosco Press

目錄

自序 i

壹、史前台灣概述
第一章　台灣考古的重要疑問 3

貳、早期人群的來源與特色
第二章　最早的台灣人 35
第三章　台灣新石器時代的開創者——古老的南島語人 45
第四章　台灣史前農業的發生 59

參、文化的形成與擴散
第五章　東亞區域架構下的台灣——大陸與海島 85
第六章　台灣島的鄰居——琉球 99
第七章　南琉球研究對台灣的啟示 115
第八章　出口封閉的台灣島——談南島語人群的起源地 ... 125
第九章　史前台灣的本土化 149

肆、族群的形成
第十章　族群形成的首部曲：線索——石杵與巨石 163
第十一章　原住民族群的形成：概念與方法 179
第十二章　原住民族群的形成：考古學的關鍵證物 191
第十三章　史前台灣的族群形成 205

伍、餘論
第十四章　台灣的史前時代 221

後記 233
引用書目 237

圖表目錄

圖片

圖 1-1	古代台灣的各個階段	4
圖 1-2	位在峭壁上的八仙洞舊石器時代遺址	5
圖 1-3	由石材觀察可知台灣的舊石器是以簡單的打剝技術製成	6
圖 1-4	2015 年重新檢驗左鎮人頭骨現場	6
圖 1-5	台灣最早的人類來自何處？	7
圖 1-6	從大坌坑遺址遠眺淡水河方向及現地陶片遺物	9
圖 1-7	大坌坑的陶器	9
圖 1-8	兩岸共有一個大坌坑文化？	10
圖 1-9	考古出土的稻米與小米	13
圖 1-10	從野生稻到人工栽培稻？	14
圖 1-11	全身插滿著箭鏃又被獵頭的人骨	15
圖 1-12	為何不少原住民選擇居於山地？	16
圖 1-13	早在日治時期便發現很多山地遺址，惜後來調查工作減少	17
圖 1-14	群山環繞的曲冰遺址	17
圖 1-15	原住民的來源是多元還是一元？	19
圖 1-16	1980 年代展示在台大人類學系的史前文化層序表	21
圖 1-17	高山族與平埔族的外顯差異	23
圖 1-18	高山族與平埔族的源流差異	24
圖 1-19	從蘭陽平原清楚可望的龜山島卻無遺址發現	26
圖 1-20	今日仍在使用的投網捕魚	29
圖 1-21	台灣常見的石刀	30
圖 2-1	台灣的舊石器時代重要遺址	36
圖 2-2	偏鋒砍器與石片器	38
圖 2-3	石英質小石器	39
圖 2-4	可能是種魚鉤的骨製尖器（仿製）	40
圖 2-5	小馬海蝕洞穴內的人骨	41
圖 2-6	長久存在的東岸路線是否和海流有關？	41

圖 2-7	初始的石瓣技術和採貝是小馬海蝕洞人的在地發展	42
圖 2-8	下罟坑遺址海岸及疑似的舊石器	44
圖 2-9	海水上漲後，遺址便埋入海中	44
圖 3-1	大坌坑時代的小丘環境居住選擇	45
圖 3-2	新石器時代的發生模式	47
圖 3-3	中國嶺南山地之南北兩側的環境與人文皆有差異	47
圖 3-4	大坌坑文化陶器的典型特徵	48
圖 3-5	台灣海峽兩岸呈現共同性的原因	49
圖 3-6	小海島上的亮島遺址	51
圖 3-7	1930 年代墾丁遺址的考古發掘	52
圖 3-8	鵝鑾鼻遺址出土的魚骨	52
圖 3-9	早晚期文化的改變	53
圖 3-10	墾丁遺址的各種陶器	55
圖 3-11	多山少平地的史前台灣	56
圖 4-1	日本宮崎縣的照葉樹林	61
圖 4-2	東亞的照葉樹林帶	62
圖 4-3	照葉樹林的資源利用	63
圖 4-4	高黏度食品是原住民的喜愛物	65
圖 4-5	三足器和黑陶是台灣可見的大陸特徵要素	66
圖 4-6	帶著燒耕技術的南方人群北上後改為雜穀作物的燒耕	67
圖 4-7	有漁有農的蘭嶼達悟	68
圖 4-8	台灣野生稻的穀粒長，偏秈稻型	69
圖 4-9	石刀是摘取穀穗的農穫用具	70
圖 4-10	布農族的鋤地用具	72
圖 4-11	原住民的小米採收	72
圖 4-12	台灣東部近代仍存在的石杵	73
圖 4-13	台灣山林遺址常見的石刀、箭頭、兩縊形網墜遺物	74
圖 4-14	山林開墾是台灣原民文化的特色	75
圖 4-15	原住民農產食糧比之一例	76
圖 4-16	史前以來原住民人口成長推估	78
圖 4-17	史前人口成長示意圖	79
圖 5-1	琉球與台灣的重要舊石器時代遺址	87

圖 5-2	新時代的鐵製品	88
圖 5-3	東亞大陸與海島的史前時代	89
圖 5-4	舊石器時代大陸對海島的雙向傳播	91
圖 5-5	日本獨有的繩文時代陶器	93
圖 5-6	新石器時代大陸對海島的生業傳播	94
圖 5-7	鐵器時代遺址的墓葬伴隨鐵器出土	95
圖 5-8	金屬器時代大陸對海島的平行傳播	97
圖 5-9	促成東亞海島三個時代的普遍因素	98
圖 6-1	琉球列島的三個地理文化圈	99
圖 6-2	城（グスク）的出現有特殊意義	100
圖 6-3	琉球列島有著眾多珊瑚礁地形	101
圖 6-4	首里城是成立於15世紀之琉球王朝的都城	102
圖 6-5	琉球出土的各種貝器	103
圖 6-6	鵝鑾鼻遺址發掘地層裡埋藏著大量貝殼	105
圖 6-7	台灣的貝珠	106
圖 6-8	台灣的陶環與石環	107
圖 6-9	可能是造船用的貝斧	107
圖 6-10	鵝鑾鼻遺址的貝器新發現	108
圖 6-11	史前台灣的各種玉器	109
圖 6-12	卑南文化豐富的玉器陪葬模式	109
圖 6-13	對立的貝器與玉器流行圈	111
圖 6-14	台灣的玉器裝飾想像	112
圖 7-1	南琉球與台灣島	115
圖 7-2	下田原遺址	116
圖 7-3	南琉球與台灣的史前年表比較	117
圖 7-4	南琉球的文化起源曾被認為可能和台灣有關的幾個原因	118
圖 7-5	下田原式陶器	121
圖 7-6	珊瑚礁環境與美食	123
圖 7-7	東亞世界中的台灣關聯論述	124
圖 8-1	南島語族的台灣原鄉論	125
圖 8-2	台灣在南島語分類的位置	126
圖 8-3	台北帝大建校初期發現的巴圖形器	127
圖 8-4	太平洋的巴圖使用於舞蹈祭儀中	128

圖 8-5	巴圖形器的分布	129
圖 8-6	巴圖形器和磨製石斧有類似性	130
圖 8-7	台南武安宮的巴圖形器	131
圖 8-8	台灣的樹皮布打棒	132
圖 8-9	日本的樹皮布打棒	133
圖 8-10	史前網墜分布的傳統看法	135
圖 8-11	典型兩縊型網墜	135
圖 8-12	投網捕魚的準備動作與拋出	137
圖 8-13	投網的網墜為長條形	137
圖 8-14	台灣兩縊型網墜的分布	138
圖 8-15	阿美族使用的投網網墜	139
圖 8-16	太平洋島嶼有發達的魚鉤	140
圖 8-17	史前台灣僅有少數的魚鉤	141
圖 8-18	農民於農閒時期在溝渠投網捕魚	142
圖 8-19	琉球的貝網墜漁網	142
圖 8-20	可能是製船工具的大型斧錛	145
圖 8-21	台灣常見的石錛	145
圖 8-22	容易被誤認的證據之一：東亞各地都有的砝碼形網墜	147
圖 8-23	新石器晚期南海傳播圈示意圖	147
圖 9-1	南島語人加入漢文化來台成為平埔族	151
圖 9-2	有著南方風格的陶器與紋飾	151
圖 9-3	來自嶺北文化的傳播	153
圖 9-4	中國的幾何印紋陶	154
圖 9-5	玻璃珠與金屬裝飾	154
圖 9-6	細繩紋與繁複的幾何印紋是本土化的結果	155
圖 9-7	兩縊型網墜的傳播變化	155
圖 9-8	有些器物普同分布於廣大區域如石鏃	156
圖 9-9	台灣史前石器的類型	157
圖 9-10	台灣史前農業的特徵	158
圖 9-11	山林中的史前遺址呈現台灣文化基礎特色	159
圖 10-1	文助看到的阿美族石杵與臼	164
圖 10-2	阿美人製造石杵	164
圖 10-3	民族學收集的石杵與現代的石杵	165

圖 10-4	花東地區史前遺址出土的石杵	168
圖 10-5	台灣考古石杵的出土地點與阿美族分布	168
圖 10-6	台灣的各種巨石	171
圖 10-7	石輪出土於房屋地板的中央	173
圖 10-8	台灣的岩棺及與那國島的石製儲水槽	174
圖 10-9	都蘭遺址的石壁	175
圖 10-10	東部當地居民收集的單石	176
圖 11-1	明治 44 年（1911）台灣種族別蕃人人口	180
圖 11-2	Elman Service 對社會型態的分類；台灣在部落與酋邦之間？	182
圖 11-3	1980 年代以來常見的史前文化層序表之一例	185
圖 11-4	晚期考古資料與原住民族群的關係	187
圖 11-5	芝山岩遺址的彩陶	188
圖 12-1	共祖意識的表現多存在於風俗信仰儀式	192
圖 12-2	阿美族的現代共祖意識標誌物	193
圖 12-3	充滿象徵意涵的人獸形玦已成為博物館的主題意象	194
圖 12-4	三突脊耳飾	195
圖 12-5	鳥首狀器的變形	196
圖 12-6	可能和信仰有關的鳥首狀器與黑色小陶器	196
圖 12-7	有百步蛇圖樣的陶壺	197
圖 12-8	骨器與石刀上的百步蛇圖樣	197
圖 12-9	龜山遺址的蛇紋陶片	198
圖 12-10	排灣群共祖意識的指標圖像	199
圖 12-11	淇武蘭遺址出土及民族學採集的高帽人像	200
圖 12-12	金鯉魚	201
圖 12-13	陪葬品和當時社會價值觀有關	203
圖 12-14	台灣晚近原住民的屈肢葬	203
圖 13-1	小丘聚落型態的丸山遺址	207
圖 13-2	蘭陽平原的幾何印紋陶	207
圖 13-3	阿美人的陶器	208
圖 13-4	從史前就存在的石杵一直是阿美人的特有物	209
圖 13-5	阿美族的祭杯與東河南遺址的陶杯	210
圖 13-6	三和文化的區域分化	211

圖 13-7	蛇紋形態與意義的演變	212
圖 13-8	黑陶與陶網墜是一種大陸要素	214
圖 13-9	帶有黑陶的俯身葬	215
圖 13-10	蔦松文化陶器的規格化	215
圖 13-11	現今仍存的西拉雅平埔族祀壺信仰（吉貝耍）	216
圖 14-1	史前台灣的重要記事	223
圖 14-2	台灣考古所見的拔牙	224
圖 14-3	在今日國界下，蘭嶼文化終將趨同於台灣島	226
圖 14-4	台灣山林隨處可見的打製石斧	227
圖 14-5	漢人祖先認知的象徵物	230

表格

表 1-1	高山族與平埔族	23
表 4-1	20 世紀前半的高山族原住民人口	77
表 9-1	史前台灣的外來人群	152

自序

　　考古學常被視為是器物的研究，然而如果沒有形成人與文化的論述，那就只是資料的累積，稱不上是一門現代學科。

　　本書是台灣考古學研究的一個成果，書中主題圍繞於台灣史前時代以來人群與文化的特色、發展過程與模式，是一種古代史論述，也是對人類史前行為與文化的探索。

　　台灣考古的重要任務之一無疑就是解開原住民的古代史，他們從哪裡來？又是如何成為今日各種族群的狀態？過去曾較單純認為各族群的祖先是從不同地方，在不同的時間點，一波波移民到台灣，所以島上呈現著各別不同的族群。然而若是如此，那麼在台灣島的周邊也應該找得到和原住民相同或類似的族群，只是現實結果卻非如此。

　　另外，或者是受到生物演化、分化的想法影響，認為最初先來的族群因為生存在台灣複雜多樣的環境下，經過長時間對地域深化適應後，終於在各地分化成多種不同的族群。但是，人類究竟不只是自然生物，族群也非生物上的種。族群乃是文化現象，是可以選擇、調整與再造，目的除了是用來適應自然外，最重要的還是適應人類自己所創造出的文化環境。

　　所以，近代台灣島內所見的族群現象也有可能不是出自分化，更不是原封不動的移村而來。當初這些帶有探險與挑戰的性格，卻沒有顯著集體族群意識的人們來到台灣後，便在不同的區域與先期來的人群接觸、混居。擁有複雜山林環境的台灣島在各地吸收、醞釀著各種文化元素，最終才在大量異文化的觸發下，於各個地區分

別集結成具有自我歸屬意識的族群。從而現在島上所見的每個族群都可說是獨一無二，內部皆存在著無數的異質要素，而出了台灣島之外就沒有完全相符的族群文化了。

近代學術重視「土地史」的概念，大致指的是從本地的立場建構歷史，這對考古學來說尤其契合，因為考古資料都是從當地的地下發掘得來，凡曾活動於此的人群都會留下他們的痕跡，從未到此者自然沒有任何紀錄。而且還很特別的是這部歷史通常不會只是各種人群文化的時代堆疊，有時乃透過土地上的環境，促成一定的歷史方向。換言之，人類社會的特性是縱使生物面的人消失了，但所創造的文化產物仍藉著一些方式存續於地域間，影響後代，這類現象常清楚地出現在台灣考古資料中！到底台灣島上存在著什麼樣的暗碼，造就了獨自特有的文化？我們試著從古老的史前時期開始一路探索，應該可以找到答案。

我常覺得考古學家除了要利用科學尋找事實資料外，也要努力解讀知識當個思想家，希望台灣的考古工作可以引領我們走上這條路。

本書所引用的資料都是來自台灣與周邊地區的考古工作成果，考古學是「發現」的學科，不只要發現古代遺址遺物，還要發現人與文化的歷史與模式。所以將來若有新的發現，都可以對本書補充與更正。

書中的第一章主要是以問題形式導引說明台灣考古研究的現況，後面十三章是針對各種主題的探討，還請讀者自行選擇參考。

本書的完成必須感謝曾經指導我的老師們，以及我的學生、助理等，他們支持了我多年的工作，也提供我各種實質考古資料。此外，書中還有不少照片是來自各地機關與友人的協助，於此一併表達謝意。

山林裡的南島語族──台灣原住民族群的形成論

史前台灣概述

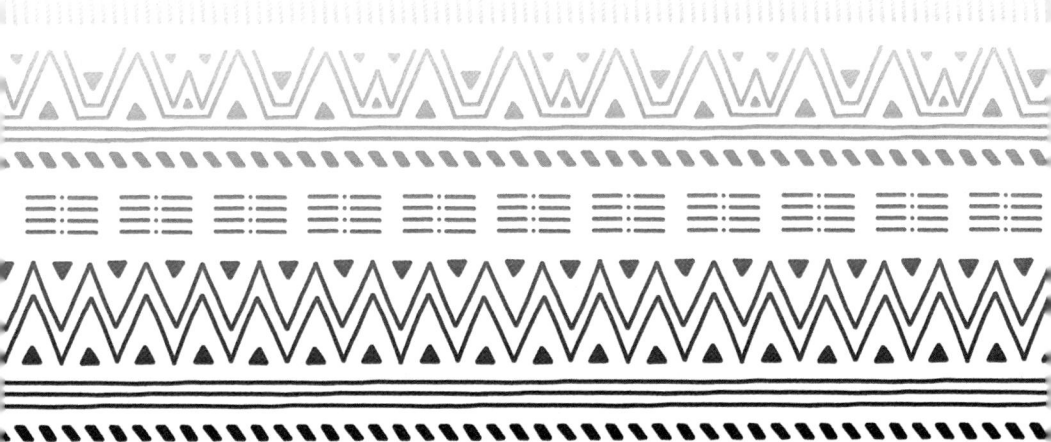

第一章
台灣考古的重要疑問

　　台灣的考古研究始於 19 世紀末,至今約有 120 餘年。在這個不算短的學術歷程中,據非正式推算,總共約發現有 2,000 餘處的考古遺址,其中有數百處曾經過規模不等的發掘調查,而出土的古代遺留則是不可數計。藉由歷來的努力成果,研究者們一步步地復原、描繪出史前台灣的各幅面貌。至今我們已大略可以建構出台灣史前的年代,舉出各區域的要素特徵,並推測各種文化的發生、傳承、擴散、變遷與消逝。

　　當然在深入研究的同時,必然也引來更多的問題,其中有些暫可歸因於資料證據的不足,部分是分析手法未臻成熟或實驗技術有限,還有則是缺乏理論上的支持所致。這種情形使得台灣的史前樣貌仍留下很多疑問與空白,這都是後續研究者們所須面臨的挑戰。

　　本章將舉出幾個存在於台灣考古中的重大議題,希望在說明與探索的同時,讀者也能循此進入史前台灣的知識脈絡中。

　　現在對於台灣的史前時代,一般多將之分為三個階段,即舊石器時代、新石器時代與鐵器時代(圖 1-1)。據現有可靠的考古證據,舊石器時代約始於距今 3 萬年前,生計上以採集、漁獵為主,主要製造與使用打製的石器及少數磨製骨器。新石器時代約始於距今 6,000 年前,這時候的人類多是來自大陸南方沿海的新移民,他們擁有農業、磨製石器及製作陶器的技術,在很快的時間內便在台灣全島擴展,並適應於各地環境,展現不同的生活面貌。鐵器時代約

始於距今 2,000 年前，此刻生活中最大的改變是鐵器的應用，以及後來因為海上貿易興起所帶來對社會的改變。

圖 1-1　古代台灣的各個階段

　　台灣的史前階段約在 17 世紀中結束，從此進入有文字記載的歷史時代。主要由文獻的紀錄可知當時已有不少漢人來到台灣，在這個背景下再加上後來各國帶入的異文化，種種都直接衝擊了原本的島民，使得史前長久延續下來的文化產生劇烈的改變。

　　對於上述古代台灣歷程的研究，目前仍存有不少問題爭議，值得我們去深入探索。

一、最早的台灣人

　　早在 1940 年代，著名的日籍學者鹿野忠雄（1946：183-186）便指出台灣島上必存在著舊石器時代的遺址，當時他根據的理由乃是從古代地理環境與生物相的觀點，判斷應有古人類從大陸來到台灣。

　　鹿野氏從年輕以來即醉心於台灣研究，涉及多樣學術領域，對於地理、地質、生物、考古、族群等議題皆有豐碩的研究成果，可稱得上是一位具有廣闊視野的自然博物學者。即使在台灣鄰近的琉球列島或日本本土都尚未證實是否存有舊石器人類之前，他仍有如此學術遠見，提早宣稱台灣舊石器時代遺址的存在。

　　時間到了 1960 年代的後期，台灣終於發現了舊石器[1]。當時先

---

[1] 這時距離鹿野忠雄在二戰於北婆羅洲的失蹤事件已有 20 多年了，終於才證實他的說法。

是台灣大學地質學系的林朝棨教授在台東的八仙洞的調查中發現了若干線索,後來立即由考古人類學系的宋文薰教授進行考古學的調查與發掘。果然在其中幾個洞穴的發掘中,從地層的下層堆積出土了不少打製石器,由於這個層位早於新石器時代,而且沒有伴隨陶器出土,因此斷定應該是屬於舊石器時代。再配合 C14 年代的測定結果,綜合推測該時期約當距今有數萬年至 5,000 年前之久(宋文薰 1980)。後來於 2008 年起,重新由中央研究院歷史語言研究所調查八仙洞遺址,除了發現更多的洞穴,出土更多的遺物外,也從層位現象及 C14 的測定驗證了上述年代推定的正確性(臧振華 2013)。

八仙洞遺址(圖 1-2)無疑是台灣考古的一大發現,如果尚有遺憾之處,便是從來只有發現人工製造的器物,沒有發現人骨。造成這種現象不無可能是因為時間年代久遠,致使埋藏的人骨已經腐爛而無法留下。只不過遺址中還出土很多生物的骨頭,表示這個環境對於骨質物的保存條件並非完全惡劣,所以不免令人懷疑是否此處根本沒有人骨埋藏。張光直

圖 1-2 位在峭壁上的八仙洞舊石器時代遺址

曾提出一個說法,認為這些洞穴基本上是屬於新石器時代人群所有,他們只因特殊需求才來到這些洞穴短暫停留,所以沒有帶來複雜的工具遺物(Chang 1969a)。因此不僅未見新石器生活常見的陶器,更沒有在此埋葬死者。但是對於這種「臨時性營地」的見解並沒有被一般所接受,從地層與石器技術看來(圖 1-3),八仙洞確實是舊石器時代的遺址(宋文薰 1980;陳有貝 2016b)。

圖 1-3　由石材觀察可知台灣的舊石器是以簡單的打剝技術製成（小馬海蝕洞）

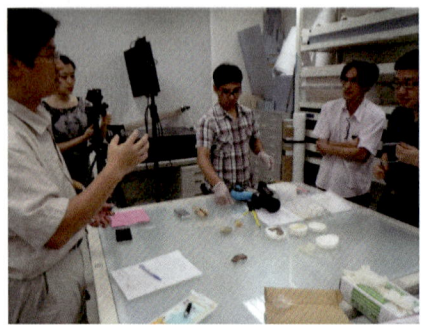

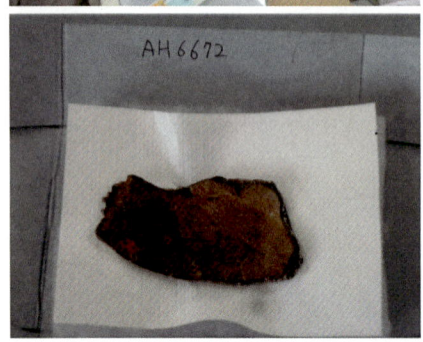

圖 1-4　2015 年重新檢驗左鎮人頭骨現場

至於缺乏人骨的遺憾，不久便被台南左鎮化石人的發現所彌補。簡稱為「左鎮人」的化石原是被發現於業餘考古人士的採集品中，所以無從知道真正出土的地層。而且所見的人骨、牙齒多已殘破，也難從外表形態認定所屬。當時除了察覺這批人骨的石化程度較高外，唯一的科學根據是取自鹿間時夫使用氟錳法年代測定的不完全結果，勉強推定該化石距今約有 2～3 萬年前之久（宋文薰 1980）。或許是因為這個結果和八仙洞的資料有互補驗證的效果，所以從發現的 1970 年代以來便被學界所接受與引用。

然而年代的疑問還是存在，到了 2015 年，原保存於國立台灣博物館的左鎮人骨重新再以自然科學的方法測定年代[2]（圖 1-4）（邱鴻霖、陳有貝 2016），結果是否決了過去的看法。現在知道所謂左鎮人其

---

[2] 伴隨自然科學的進步，這時已能應用較進步的加速器質譜碳十四定年法（AMS），以小量的樣本即能精確地測定年代。

實只有 3,000 年的歷史,明白屬於新石器時代,並非是長久以來所認定的「台灣最古人類」。這個「新發現」的意義不僅只在左鎮人本身,而且對於台灣舊石器人類的來源與性質等看法都產生了影響。

上述之外,其他較明確的證據如位於八仙洞遺址南方約 50 公里處有小馬海蝕洞遺址、小馬龍洞遺址等,年代推定也都在距今 5,000 多年前,大致同於八仙洞晚期的時代,部分的埋藏內容也和八仙洞晚期的遺留類同(陳有貝 2004)。

整體而言,台灣舊石器時代的資料仍是相當有限,留下了不少待解的疑點,例如這群台灣最古老的人類究竟來自何方?有一說法認為遠在冰河時期,海水下降,台灣海峽的部分海底露出水面成為陸橋,於是便有人類為了追獵野獸來到台灣(宋文薰 1980)。若是如此,那麼這群人便是來自中國東南沿海地區的獵人。另一個主張為這群人是來自東南亞島嶼區的漁民,他們為了追捕海中的魚群而乘船來到台灣。這兩種說法對於人群的來源地、文化性,以及來台的方式等見解皆不相同,堪稱是對台灣最古老人類本質的一大疑問(圖 1-5)。

圖 1-5　台灣最早的人類來自何處?

基本上，3萬年前的人類階段多已是現代人屬；現代人種（Homo sapiens sapiens），主要的生物特徵和今日人群幾無不同，差距較大者應該是人類的文化面，故我們應從其伴隨遺物分辨所屬。台灣的舊石器不僅內容和日後的新石器有顯著差別，亦有主張其早期遺物和晚期可能也有不同（臧振華等 2016）。台灣舊石器的另項特點是年代上一直延續到很晚，尤其在不少地區已經進入新石器時代的同時，舊石器的人群卻依然存在。最終直到距今約 5,000 年前，這種古老的生活方式才突然完全消失，想像原因應頗耐人尋味[3]。

總之，台灣島上曾存有舊石器時代的人類與文化是毫無疑問，但他們究竟是從何處來？是行走陸路跨越台灣海峽的陸橋？還是駕船來自南方？是大地上的獵人還是海上的漁民？來到台灣之後他們顯然長期與外隔絕，直到最後才又快速消逝。這些問題的解答將是認識台灣人類序幕的基礎。

二、第二次移民：大坌坑文化

台灣是個移民社會，遠從史前時代直到現代都是如此。如果前文所述的舊石器人類是來到台灣島的第一批移民，那麼新石器時代大坌坑文化的人群應該就是第二次的大移民。

「大坌坑文化」之名是取自新北市八里區大坌坑遺址的考古發現（圖 1-6）。目前所知台灣埋藏有同類遺留的遺址約有近百處，除早期知道的高雄鳳鼻頭遺址、台南八甲遺址外，近年來重要的發現如北部的水碓尾遺址、中部的安和遺址、南部的南關里與南關里東

---

[3] 當時台灣不少地區已經進入新石器時代，所以可以想像成：多數村落已經過著新石器時代的生活方式，然而附近卻還有人過著舊石器時代的生活。由於兩類人彼此的落差、衝突實在太大，理論上這種狀態應該不會共存太久。

遺址等。據尚不周延的推測，其年代大致開始於距今 6,000 年前[4]。

早期認定埋藏有大坌坑文化的遺址幾乎都在西部平原，東部地區僅有所謂的大坌坑文化類似要素，年代約在距今 5,000 餘年前，例如花蓮的大坑遺址下層堆積，或是著名的卑南遺址的最下層等。近年來在東部的新認識則有長光遺址、港口遺址等，相關要素的出土亦趨完整。簡單地從東、西部的年代差異與文化內容看來，這批人群大概是先從西海岸進入台灣的平原與低矮的丘陵地，隨後再擴散到東部各地。

圖 1-6　從大坌坑遺址遠眺淡水河方向及現地陶片遺物

考古學者對於大坌坑文化的內容有一定的定義，主要是以陶器上的特徵為判斷，典型如表面拍印有較粗的繩紋痕跡，口頸上常有一環凸脊，且口緣內側或肩部常見平行的劃紋等（圖 1-7）。倘若遺址中的陶器出現這些特徵，通常便被斷定為大坌坑文化。

圖 1-7　大坌坑的陶器（1. 平行畫紋；2. 粗繩紋；3. 凸脊）

---

[4] 向來研究者多推定最早約在距今 6,500～6,000 年前，然近來多有主張應該更客觀使用 C14 年代數據，保守推估應在 5,000 多年前。

根據現在所有的調查結果，台灣在大坌坑文化之前皆無更早的新石器時代遺址存在，所以本文化被視同是新石器時代以來的首波移民。而如此一來，那麼首要問題便和上述舊石器時代的疑問相似，即他們是來自何地？又是何種原因才來到台灣島？

　　對於第一個問題，以最單純的思考方式設想，如果在台灣以外的地方找到年代相仿或稍早，且內容與大坌坑文化類似的考古遺址，那麼便可以很直接地論斷大坌坑文化的起源所在。只是學術上的現實常常無法如此地理想，在台灣島外幾乎沒有發現一個具有典型完整大坌坑文化要素的遺址。現在多數的研究者傾向認定台灣大坌坑的起源應在中國東南或南方沿海地區，這是因為無論從各個角度（如地理位置、文化相似度）看來，此地域相較下最具可能性。事實上，這一帶遺址有部分特徵與台灣相同，部分特徵卻不同，使得問題很難獲得一致性的結論。到底對岸有沒有大坌坑文化遺址？或是未來會不會再有新的發現？種種都牽涉著台灣早期移民的來源研究。誠如張光直（1987）向來主張台灣海峽兩岸有一個共同的大坌坑文化存在（圖 1-8），然亦有研究者完全持反對的立場（楊式挺 1990）。

　　考古上對於「沒有發現」這件事，常常也可解釋成「暫時尚未發現」，換言之，未來可能會有新的

圖 1-8　兩岸共有一個大坌坑文化？（改繪自 Chang 1986）

發現，所以不能在此刻便立下武斷的結論。不過若是換採一種「客觀統計」的角度，即「已經做過很多調查，出現相當大量的遺址資料，為何仍是無所發現呢？」，便不得不承認縱使未來有新發現，其數量一定也是極有限吧！循此思考，也許該接受的是大坌坑文化很可能沒有所謂的單純起源地，進而思索他種解釋的可能。

第二個問題是在距今 6,000 年前，為何會有大陸沿海的人群來到台灣？如果這是種突然發生的不自然現象，便要考慮背後應該有某種特定的原因，是自然環境的因素？還是社會的影響所造成？從歷史時期的文獻紀錄，不難看到某些大規模移民的現象與原因，如歷史上常有因「內部戰爭動亂」或「國家向外擴張」而引發的人群遷徙，中國的春秋戰國或秦、漢時期便是如此。但在史前時期缺少了明確的記載，多半只能從理論與特定的關鍵資料作成推測性的論述，例如「人口成長壓力」就是常被提及的族群擴張因素之一。澳洲國立大學的考古學家 Bellwood（1978）便認為因為穀類作物栽培帶來膨脹的人口，為了尋求足夠的農業土地，故導致早期的南島語人向外遷徙。但以上這些假設都必須找到可以支持的證據，如何證明當地在 6,000 年前曾有「戰爭動亂」或「人口壓力」或其他，顯然還需要不少努力。

　　換一個想法，如果只是分批、少數量的人口外移，那麼便可以用「人類行為的常態」來視之，究竟台灣與中國海岸的距離不遠，在沒有國界的時代產生接觸與移民都是極為自然的現象。

　　總之，大坌坑文化對於台灣的重要意義在於它的年代、文化性質及族群等三方面。年代上，它是台灣新石器時代之最早；文化性質中尤指它的生業方式乃是台灣農業的起始；族群所言便是這個文化的主人是古代南島語族。這三項目都衍伸出不少史前台灣的重大議題，所以有必要先研究釐清它，接下來才能在正確的基礎上展開下一段的論述。

三、古老的生業形態──農業

　　舊石器時代的人類以採集、漁獵維生，新石器時代有了農業，導致生活產生很大的變革，所以有研究者（Gordon Childe）把農業

稱為人類史上的第一次重大革命。

　　農業對人類的主要影響在於提高作物產量與穩定糧食來源，這個結果使得多餘的人力從此得以解放，進而從事其他的生產與創造，甚至拓展精神層面如藝術、儀式及宗教祭祀等活動。

　　台灣的大坌坑文化中已有農業活動向來是多數研究者的共識，過去對此曾提到的一些相關證據如陶器、打製石斧（鋤）的發現等，此外從陶器上的繩紋紋飾多少也可推論當時人類對植物已有充分的認識（張光直 1995b）。不過嚴格說來，這類的農業論述仍是相當薄弱。陶器，雖然時常和農業伴隨發生，卻非完全必然，例如日本的陶器發明距今已有一萬多年，但農業活動卻只有三、四千年的歷史，兩者年代落差很大。打製石斧（鋤）也不一定和農業相關，說不定只是用來採集野外根莖類食物的器物。當然「繩紋」只能延伸推理至有利用植物的現象，而非一定有農業行為。何況人類發明繩索的時代頗早，在捕魚釣魚、弓箭射獵的活動中都有運用，和農業無必然關係。

　　然而史前台灣的農業證據向來還是相當豐富，而且後來又在台南科學工業園區的考古搶救中出土了大坌坑文化晚期的稻米與小米遺存（臧振華等 2006），這個重大發現直接證實了早期農業行為的存在。有了這個基礎，終於可進一步探討後續的問題：

　　過去研究者多推測大坌坑文化的農業形態可能是如薯、芋等根莖作物的栽培，這類又被稱為初級、簡單或原始農業，原因是根莖類作物易於發芽、栽種與取食（可直接燒烤或煮食）。只是因為根莖本體容易腐爛，不易完整保留下遺存，所以在遺址中才沒有發現。嚴謹而言，這個主張並無具體事證，充其量是引借亞洲南方或東南亞常見的根莖農業形態，以同理推想大坌坑文化應該也是相同。

　　另一方面，稻米與小米乃屬穀類作物，較不易播種、栽培與食

用（必須去殼再加工），但優點是產量多且穩定，易於儲存，所以又被稱為高級或複雜農業，上述南科園區的考古新發現確認了當時已有這類相對穩固的農業方式。然而問題之一是目前確認的資料約是在距今 5,000 年前，這個年代並不是大坌坑文化的最早階段（約 6,000 年前）。換言之，被證實的是大坌坑文化的晚期階段有穀類作物，至於早期階段的農業形態就得再議了。

現在對此至少可以重做兩個假設，一個是大坌坑文化的移民直接帶來了穀類作物高級農業，並從早期一直延續到晚期。另一個假設是大坌坑文化移民最早帶來的是根莖作物的初級農業，到了晚期才在台灣轉變為穀類作物高級農業。究竟哪個正確？本書認為後者或略勝一籌！

這個命題之所以重要，並不只是為了知道當時的生業方式，而是還牽涉到社會形態的問題。假若台灣大坌坑文化早期就是穀類作物農業，那很可能開始就是來自一個複雜社會的移居者，反之則是來自一個簡單社會的人群。

其次是栽培作物本身的問題，整個台灣新石器時代中、晚期都不乏稻米與小米的發現（圖 1-9），可知這類作物的栽培在台灣非常具有普遍性。然而有趣的是以小米而言，它原本是北方的代表性作物，鄰近熱帶的台灣島竟然從史前時代就有小米栽種當然是一件很特別的事。而且不僅史前如此，小米的種植一路傳

圖 1-9　考古出土的稻米與小米（南科國小遺址）

承到近代的原住民，根據人類學的調查，小米還是原住民社會中最富有神聖意義的作物。小米為何在 5,000 年前就出現在台灣？又為何被附予神聖的意義？想必應有特殊的理由！

至於稻米耕作多見於東亞南方，米食在當地社會中扮演著不可缺的角色，人們還不時改良稻米品種，追求更為理想的食糧，稻米和東亞文化的發展歷程可謂緊密相關，而藉著對稻作的發源與擴散等分析追溯東亞的古文化，更成為常見的研究題目。台灣的史前稻作問題也如同小米一般，尚不知其來源。理論上因為台灣島上也存有野生稻（圖1-10），故不能完全排除本土自行發生栽培的可能。當然由移民人群帶入，抑或是後來藉著技術傳播發生？都是可能的選項。

圖 1-10 從野生稻（攝自台灣大學校園）到人工栽培稻？

近來利用自然科學分析方法也是頗值得期待，例如學術界相當重視的矽酸體分析在台灣便有不少進展，或是利用 DNA 做品種的判別，應該都有助於其來龍去脈的探討。

基本上，人對於土地的利用因應著不同的生業方式如採集、畜牧與農業，同等面積土地可提供養活的人口數也大不相同。即使所謂的稻作農業，從事山田燒墾的旱稻游耕與可以長期利用同一土地的水田耕作亦有顯著差別。而且如果從事的是高級農業，在社會上就必須有個可與之對應的組織和運作的機制，若以水稻栽培而言，水權將成為一個重點，如何適當完成水資源分配便須要一個權力中心，以及組織化的分配機制，這通常是一個複雜社會才足以與之對應。

總之，對於史前台灣，農業是個極關鍵的問題？試觀察東亞各

個海島，菲律賓的農業約始於距今 4,000 年前；日本大致開始於距今 3～4,000 年前；琉球約於距今 1,000 年前；而台灣島竟然可以早到 6,000 年前，憑此便不難想像農業對台灣的深遠意義了。

四、是歷史因素還是生態適應

　　台灣島上有不少原住民居住於高山，對於這個現象的成因大致曾有兩種看法。一個說法是新石器時代的人類初來到台灣時原本居住於海岸平原，但是後來陸續尚有其他移民進入台灣，於是便將居於平原的先住民驅趕入山。這個說法的主要根據是在海岸地區發現不少新石器時代早期的遺址，證明古老人群確實曾居住於海岸平原。只是後來為什麼會進入山中，就沒有明確的發現可資證明這類歷史事件。在某些遺址發掘中我們見到因爭鬥而死的人骨，身上插著箭鏃，有些則是被獵去人頭（圖 1-11）[5]，但多仍屬個別案例，台灣並未發現大規模的史前爭戰遺址。

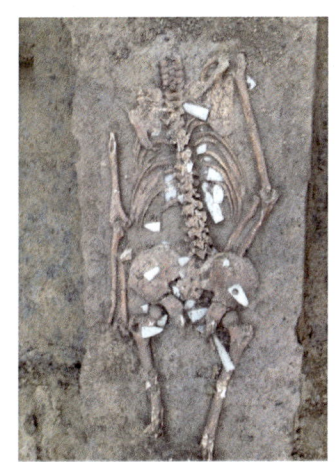

圖 1-11　全身插滿著箭鏃又被獵頭的人骨

　　另一種看法是他們在尚未來到台灣前的原居地便屬山地環境，因為已長期適應於山地生活，所以來到台灣後便自然而然尋求山地生態，以適應人群傳統以來的生活方式。這個說法的基礎是人類對於生態環境存有選擇的意志，所以不同的族群活動、居住於不同的

---

[5] 這個人骨身上總計有 20 餘件以上的箭鏃，所以可能不是戰爭導致，而是刻意被處死的結果。

圖 1-12 為何不少原住民選擇居於山地？（高山中的霧台部落，台大人類學博物館提供）

生態環境。直至近代，台灣仍有不少原住民偏好生活於山林（圖 1-12），部分所以在後來遷徙至平地，完全是受到外力壓迫的結果[6]。

事實上，上述即是「歷史事件說」與「生態適應說」的差異，此向來皆為考古學對於現象解釋的兩大思考方向。兩者對於人群社會行為的基本認知不同，前者認為決定人類文化發展的因素乃是各種的關鍵事件，所以應就各別事件釐清所有相關脈絡，以尋求對現象發生的理解與認識，這類研究多半視考古學為歷史學的一支；後者則主張人類的行為或社會的發展有一定的方向與模式，只要找出其中的作用機制，便能對各種現象提出合理的解釋。所以考古學者應該設法找出人的行為模式或生活法則，如 20 世紀後半竄起的「生態考古學」或是「新考古學」多抱持這種觀點。

從台灣考古學史的背景也能發現這兩種解釋方式的由來。台灣考古學原承繼於日本考古學與中國考古學[7]，這兩個地區的考古研究向來是以歷史學取向為主，所以對於原住民居住於高山的原因也多從這個角度推斷。1970 年代以後，留學西方的新一代學者開始將生態考古以及新考古學的概念帶回台灣，於是也轉變了對原住民居住於山地的解釋方向。

---

[6] 例如日治時期，政府強制或鼓勵原住民離開原居的山地，將村落移至交通方便的平地。

[7] 台灣考古學始於 1896 年，在日治當時，主要由日本人學者從事各種調查與研究；1949 年後則有多位中國考古學者來台，帶入了中國考古學式的研究。

站在證據的立場，台灣的高山住民若屬被驅趕入山，那麼我們應該可以看到早期的遺址多位於海邊平原，接下來同類型的遺址會轉入丘陵坡地，到最後出現於山地，而原本的海邊平原應在同時出現了其他文化的新移民。如果是生態選擇的結果，那麼高山裡應該存在著年代古老的遺址，而且一路傳承到近代。可惜現實的狀況是戰後台灣的考古調查都集中在平地，山地的調查工作非常不足，無法回應上述的疑問（圖1-13）。

少數發現，如位於南投縣內群山環繞的曲冰遺址便是一處典型的古代山地村落（圖1-14）。遺址在1980年代經過較具規模的考古發掘，出土以板岩製的聚落建築與171座石棺墓葬最受矚目，顯見至少近3,000年前的台灣山地即存在著不小的聚落（陳仲玉1994）。

人群與生存環境之間究竟有無一定模式？還是僅為歷史事件堆砌的結果？理論上都有各自道理，惟最後都應以實證為依歸。

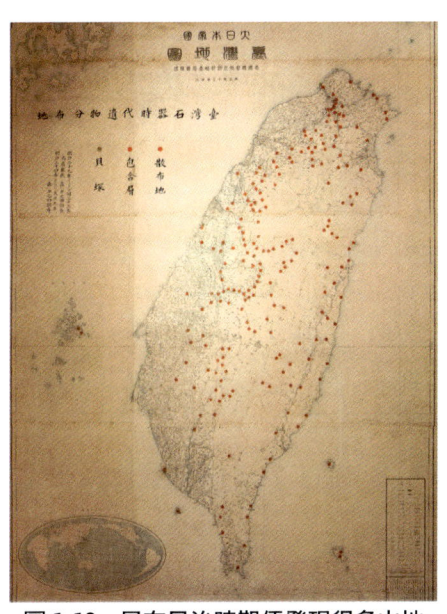

圖1-13　早在日治時期便發現很多山地遺址，惜後來調查工作減少（20世紀初台灣石器時代遺物分布地圖，國立台灣博物館提供）

圖1-14　群山環繞的曲冰遺址

五、族群的形成

族群是如何形成？對於台灣考古，這是個非常具有研究潛力的課題。

近代的台灣島上存在著眾多的原住民族群，各族之間無論在語言、物質、風俗或文化傳統上皆可見一定的區隔。為何在面積不大的台灣土地上卻有著眾多彼此不同的原住民族群？無疑是台灣島上相當特殊的一個現象。

原住民議題一向是文化人類學者非常重視的領域，針對族群的界定歷來也有不少探討。大致對於族群的成因，可以理出有先天本質性的存在，以及後世或他者的想像建構等兩成分，近來尤對後者的絕對影響力多有著墨[8]。

只是當有牽涉人群的歷史、源流問題時，過去常偏好使用口傳、神話去彌補事實資料所不及。然而這類資料的性質終究只能視為文化上的一種表現，不一定是曾經客觀發生過的史實[9]。而考古學正好就是一個鮮明的對比，因為此學問的本質與特長皆是來自「實際發生後留下的物質與非物質證據」，所以對於族群的起源與形成等問題，考古學等於掌握了一把關鍵的鑰匙。

舉例而言，過去不少族群研究者認為排灣族大致是在距今 500 年前從東南亞移入，但後來考古學家卻在史前遺址中發現屬於排灣族重要象徵的百步蛇圖樣（李坤修 2005），有力證明了他們的歷史至少存在 1,500 年以上。又如不少研究者據口傳推測阿美族是在距今數百年前由南方渡海而來，但是考古卻發現阿美人生活中的重要象徵物遠從新石器時代就出現在東部，證明本族人群至少在 4,000 多年

---

[8] 可參考（林開世 2014）。
[9] 例如諸多神話提到本族起源於自然的山水或動植物，內容明顯為人群的共同想像，這種想像對族群文化是有意義，但卻不是真實發生過的事。

前就在此地（陳有貝 2020a）。隨著考古調查工作的增多，類似的研究結果未來必然會逐一浮現，累積了相當的成果後，相信便能對台灣各族群的形成問題提出完整的論述。

歷來對於台灣存在著眾多原住民族群的成因也可舉出兩種看法，一個是多族群移民說；另一個為深化適應後的分化說。前者是指台灣從史前以來曾有多次的移民，他們在不同的時間點，從不同的地方先後來到台灣島居住（宋文薰 1980），因此島上當然存在著不同的族群。後者的說法是指早期人群來到台灣後，長時間在本島生存適應，由於島上有著高山、丘陵、盆地、平原等不同的地形條件，在多樣的環境下生活的人群彼此隔離了，並深度適應於當地生態，於是隨著時間經過便形成各個不同的族群（圖 1-15）。學史上如張光直認為台灣早期曾有大坌坑文化的移民，後來又有「龍山形成期」移民（Chang 1969b）；李光周則反對上述，認為皆是同一人群的早、晚不同表現（Li 1981），便是一個各擁不同看法的著名例子。

對於史前來台人群是多元論還是一元論？這在語言學領域的討論亦不少於考古研究[10]。從語言研究的觀點，有些學者認為他們早在

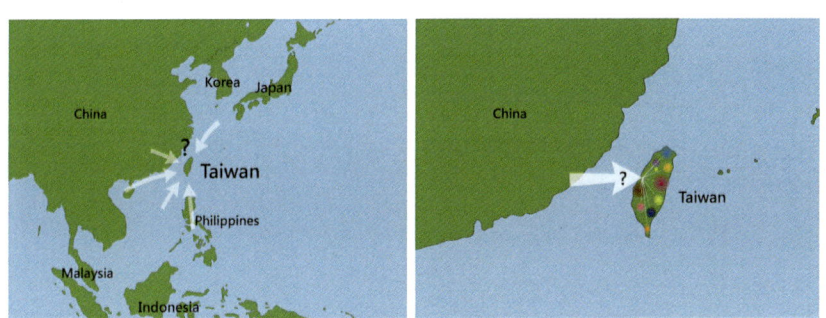

圖 1-15　原住民的來源是多元還是一元？

---

[10] 可參考（陳其南 2014）。

來台之前便已分成多支,日後再分別來到台灣;部分則認為一開始乃有單一語言使用者先來到台灣,歷經了島內分化才形成多分支語言現象。

從考古學理的角度,這個議題的根本也和前述(原住民的山地居住問題)的情形略似,一個是偏重於歷史事件說法;另一個偏重生態適應的解釋。此外兩種思考也都存在一些基本問題,例如如果是不同的族群分批移來,那麼何以在台灣島外的周邊地區連一個和台灣原住民相同、類似,或者是在歷史上可以對應的族群都未曾發現;而若台灣多族群現象是早期單一族群對環境適應、分化的結果,這又過度地將決定因素完全推給自然環境與時間,似乎遺忘了文化至大的跨越力量,包括現代人類學所強調的「主觀族群認同」的決定性。

其實也許本問題原本就不是使用單一模式便可解答,每個人群、族群有其自我發展的歷史,在各自過程中,自然環境、人文歷史事件都摻雜入不同比例的作用影響,讓解釋不得不變得更為複雜。

當然我們也應該樂觀地抱持著一個宏觀的角度:台灣確實是多族群形成的重要場域,而在所謂的各自歷史過程中極可能潛存著某種共同形式。如果可以在解開族群歷程的同時,在理論層次上發現模式性的存在,這必能對人類社會的發展研究有重大的幫助。

六、史前的族群:史前文化層序表的解釋

看到不少現代原住民都擁有清楚的本族意識,很自然地想像著史前台灣可能也是有多個族群各自分布在不同地區。可是如果參考世界其他人群的例子,也有不少是對於「族」的概念非常淺薄。族的結成是否一定必要?或是有本質性的基礎(如血緣關係)?史前台灣人的本族認知狀態又是如何?各族之間的差異是否等距?

台灣的考古研究非常偏愛使用一個「史前文化層序表」來說明古代有哪些文化類別。走到各地的考古相關博物館，都不乏見到這類圖表，甚至它也出現在各級學校的教科書中（圖1-16）。

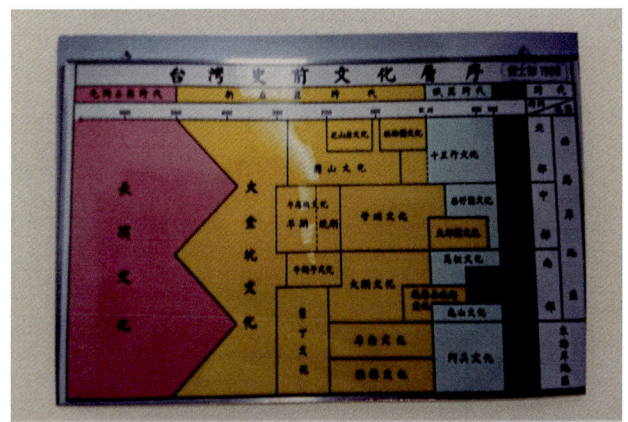

圖1-16　1980年代展示在台大人類學系的史前文化層序表

問題是：表格中的「某某文化」的意義是什麼？這不只一般人不知，連考古研究者們恐怕也難有共識！再則，值得思考的是古代的「文化」與「文化」之間真的有辦法一線畫開嗎？文化或族群也有「邊界」嗎？回溯台灣考古喜好用這種表格呈現古文化的作法其實是受到一些中國上古研究的影響。

一般對於中國歷史的呈現方式常是以夏、商、周……等政治、國族的概念為準核，以製成所謂的「年表」，藉著它（國家）有明確的時間、地區範圍（雖然真正的歷史事實常非如此），便於形成一個穩固清楚的標準認識。然而在台灣的史前時代也沒有國家制度存在，那麼要如何來解釋表格中的某某文化究竟是代表什麼實體或意義？於是便常見「族群」被作為替代的解釋選項。這種「便宜行事」的作法固然有利於對外推展史前知識，但究竟是不是真能反映古代的狀態？學術上便須要嚴肅的面對與檢討了。

台灣的史前時代是否一定存在著「族群」，而沒有其他的人群集合形式？或進一步的說法是：現代所定義的族群多是基於人群有共同的我族認知，那麼史前台灣各人群有否這種認知？又如果這不是各種社會的必然現象，或者程度上是有強弱差別，那麼對於史前台灣就不能完全以現代的族群認識來設定辨識基礎。所以比較合理的假設或許是：史前時代來到台灣的島外人群原本擁有是各種不同的生活方式與人群認知，後來必定要經歷某些過程才能形成具有共識基礎的族群。我們必須釐清這個過程，才能認識真實的台灣族群本質。

　　這樣的話，那麼上述的「考古文化」又代表什麼？我認為其實不過是研究分析過程中的一種手段。當研究者面對各式各樣的考古出土物，須要化繁為簡，於是就歸納相同者，統稱命名為某考古文化，希望有利於後續的分析與解釋。所以實際上會因為每個研究者的視點不同，所主張的「考古文化與文化層序表」自然也有異。理論上，研究者皆可以配合自己的研究方法與目標，創造自我的「文化層序表」。

　　所以，「文化層序表」不該是一種標準答案，它只能由考古學家自己解釋，在缺乏進一步的分析、說明前，考古文化是不可直接對等於事實人群、族群或其他。未來，如果一定要再放置於博物館或登上教科書，也應該要對其性質、意義加上說明。

七、高山族[11]與平埔族：文化的力量

　　學術上，近代台灣原住民被「客觀辨別」或「主觀界定」出有20餘個族群[12]。而普遍上，還有所謂的高山族與平埔族之區分（表

---

[11] 日治時期稱高砂族。
[12] 這和現在政府認定的族群不同，原因耐人尋味。

1-1），嚴格而言，這個二分法並非具有審慎的學術基礎，若干研究者對於某些族群是高山族還是平埔族也有不同意見（如邵族）。不過在考古研究上這個區分卻意外顯得有用，主要原因是該分類的標準是含有文化性的判斷，剛好符合考古學擅長處理的領域。

表 1-1　高山族與平埔族

高山族	阿美族	排灣族	魯凱族	卑南族	布農族
	泰雅族	賽夏族	鄒族	邵族	達悟族
平埔族	噶瑪蘭	凱達格蘭	雷朗	道卡斯	拍瀑拉
	貓霧捒	和安雅	巴則海	西拉雅	

註：各個研究者的觀點及分類不同，本表所示僅為部分意見。

　　高山族與平埔族的字表像是山地居民與平地居民的差別，然實質上則有個重要的文化意義，即所謂的「漢化」，簡言之，受漢人文化影響較深者為平埔族，被影響淺者為高山族。類似想法的萌生可見於 17～18 世紀清代統治台灣時期，當時中國的漢人站在自我的角度將台灣原住民分為生番與熟番，藉此顯示與漢人文化的差別程度。後來，高山族與平埔族的分類大致亦是循此而來（圖 1-17）。顯而易見，這是對文化的差別區分，當然是一種族群的偏見，不值

圖 1-17　高山族與平埔族的外顯差異
（泰雅族與噶瑪蘭人，台大人類學博物館提供）

得再加議論。不過，會有如此文化上的對比顯然是台灣特有歷史進程下的結果。換言之，原住民與漢人的接觸原則上有著深與淺的兩種模式，這是值得考古研究者掌握的一大線索。

關於台灣受到中國史前文化影響的問題，考古學界早期以來便頗注意，如金関丈夫（1943）和國分直一首度指出史前台灣受到大陸文化（此處指長江、黃河等地區文化，或稱中原文化）很深的影響，後來不少研究者都在這個基礎上相繼提出看法[13]，多數也接受了大陸文化要素在台灣的存在。至於其對台灣原住民（高山族與平埔族）各別發生了何種作用？黃士強（1985）認為高山族來台的時間可能較早，所以「漢化」低，而平埔族可能是大陸南方的百越民族後代，移台時間相對晚，「漢化」深。連照美（1998）則主張高山族比較類似於新石器時代文化，平埔族比較同於鐵器時代文化。言下之意是這種差別是對應於時代早、晚，而早期受到中國影響小，晚期影響大。

綜合概述便是較早移民來台者為台灣新石器時代文化的主人，他們多居山地，受到大陸文化的影響淺，後來成為了高山族；較晚的移民為鐵器時代文化主人，他們多居平地，受到大陸文化的影響深，後來成為了平埔族（圖1-18）。這樣說法的架構清楚易懂，而前提則是建立在前述的「多族群移民說」，但較省略對所謂「傳播」、「影響」之實質內容的說明。

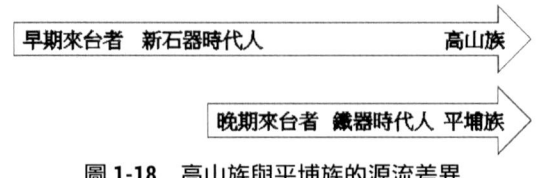

圖 1-18 高山族與平埔族的源流差異

---

[13] 可參考（陳有貝 2000a）。

在台灣遺址有時可發現帶有大陸風格的器物，無疑該影響確實存在。不過我們若從反面思考，如果真得有這股風潮，那麼為何很多更具體典型的大陸文化要素是不見於台灣。例如，至少在漢代以後大陸沿海地區便開始出現了大量如建築的板瓦、瓦當或陶瓷等漢人器物，而台灣卻始終沒有出現這些[14]。就算物品不便攜帶，那麼如語言、文字、藝術都是存於人的心智，沒有道理來到台灣後就完全遺忘，從此不再使用。兩岸間雖然有著文化的傳播，其中似乎又存在著某種選擇性，非純粹的漢文化要素顯然在台灣有較大的接受度。

總之，台灣高山族與平埔族的兩立現象是兩岸複雜的互動關係造成的結果，而這個命題牽涉了人群移動、文化影響、時代早晚、族群異同等多種因素，是台灣史不可缺之一部分。

八、台灣島與鄰居

今日我們常使用「國境」來作為區分人群的界線，無論是實際生活環境或是人群的思想意識，只要跨越國界，就像是到了另一個世界。在史前社會，多數是缺少國家、法律的絕對領界，那麼影響著人群來往的因素會是什麼？

引發這個問題之一是來自台灣與琉球的關係研究。琉球列島是位於東亞大陸東側的一連串島嶼，上至日本九州島，下接台灣島，其中南方各島嶼與台灣鄰近，堪稱是台灣最密切的鄰居。琉球列島的舊石器時代與新石器時代的開始年代（分別是距今約 3 萬年前及 6,000 年前）和台灣略同；自然環境中還有著名的黑潮洋流串聯兩地，如此種種都不免令人聯想：遠在沒有國界的史前時期，台、琉兩地應該是有著密切的關係。

---

[14] 目前島上所見較早的古中國器物大概多止於宋代。

可是問題的答案卻一再出乎意料，歷來不時有研究者努力從事於兩地的傳播關係研究，然至今仍很難舉出強又有力的證據。有時從近代的文獻推論或民俗文化的角度可以舉出兩地的相似（黃智慧 1997，2010），但這些現象卻無法推衍至古代時期？

類似的情形也不只出現在台灣與琉球關係，試著再看台灣島周邊的一些島嶼，如宜蘭的龜山島，或是台東外海的蘭嶼、綠島等，不是缺乏史前遺址（龜山島）（圖1-19），便是和台灣遺址內容有異（蘭嶼、綠島）[15]。這些海外小島嶼距離台灣都在目視可及的範圍內，台灣的史前人們一定常常望著這些小島，然而為什麼沒有嘗試著上陸？史前台灣人不是被認為是勇於冒險的南島語族嗎？

圖 1-19　從蘭陽平原清楚可望的龜山島卻無遺址發現

至於在另一面的世界，便是台灣與中國東南、東南亞的史前關係，隨著各地考古調查工作的增多，彼此的共同要素也逐日被發現。例如有些台灣遺址中出土了與大陸極為類似的陶器外形或紋飾，明顯是台灣古代人群對於所見異文化器物的一種模仿[16]；其他有些也許是人群移動或貿易產物，各別代表著不同的接觸與傳播方式。

在世界古文明的傳播議題中曾有個很富啟發性的研究。過去，當研究者看到古代美洲文明中竟然含有不少與中國文明類似的要素，於是出現了「中國人最早到了美洲」等說法，這些當然與史實相差甚遠。對於人群文化的「類似性」應考慮有不同的原因，如張

---

[15] 也有考古學者認為蘭嶼、綠島的遺址與台灣相關。
[16] 請參考後文，如三和文化外來要素的相關研究。

光直（1995a）提出了中國與美洲的文明類似乃是基於兩地同屬蒙古人種，在遠古過去即有著相似的親屬意識與薩滿式信仰，所以在這種共同基礎下發展出的文明現象自然有類似之處。這個例子也提示我們該嘗試一些人類學式的思維去解釋某些歷史現象！

例如現代人類學愈來愈強調人群的主觀意識，無論周邊環境充斥著如何的影響力，客觀條件永遠只是選項之一，出自人群自己主觀的意識往往才是最後的決定力。從而要如何解釋台灣與周邊地區眾多紛雜的接觸、移動現象，深入探索遠古人群的心靈無疑也是重要門徑之一。

九、南島語族的原鄉

近年來南島語族的議題幾乎已成為台灣考古學最熱門的話題。南島語族是現今分布在太平洋、印度洋島嶼上的最主要人群，因為他們所使用的語言在文法、詞彙、發音等方面呈現若干共同性，因而在語言學分類上被歸納為同一個語族。接著，既然是同個語族，通常便會被假設古代是源自同一個地區，即應該會有一個共同的起源地。所以現今分布遼闊的南島語族究竟最初共同起源於何處？又是如何擴散成為今日的分布狀態？等等疑問便隨之而來[17]。

有關台灣與南島語族起源地之關係論述不少，主要肇因於若干語言學者利用語言詞彙統計、擬測，及分支語言的複雜度，導出台灣很可能是南島語族的起源地，而這個假設又受到其他研究者從考古、體質等各方面的證據加以支持（張光直 1987；Bellwood 1978）。因為受到各界普遍的歡迎、認同，「台灣是南島語族原鄉」

---

[17] 關於南島語族擴散的歷史與路徑，常見從語言、考古、生物或民俗等各個領域或結合不同學科研究，結論亦多樣，可參見各論文。

儼然成為目前社會上的定說。

　　不過，終究學術上這仍只是一個證據有限的假設，各種資料證據的斷鍊在未補足前，都只能視為初步的設想，不能過當地視為定論。況且有些地區的人群在體質或語言上的類似究竟是反映著原因還是結果？也因案例不同而值得懷疑[18]。

　　談到「源流」問題，確實對一般人很富吸引力，今日對於「台灣為南島語族起源地」的說法有時已被想像成：有一群史前台灣人帶著隨身家當，勇敢地駕著小船出發，成功地登陸他鄉島嶼，日後還繁衍、擴散至各處，成為今日各地南島語族的祖先。這種過於簡化的歷史式敘述在理論上是有些危險，往往流於過度想像或是急於結論而單純化了事實。

　　台灣是不是南島語族的起源地？這個議題至少要涉及兩個層次的討論，第一是台灣島的史前居民是否曾經移居到島外他地？其次是這些外移人群是否便是現今太平洋居民的祖先？如果兩者的答案都是肯定，才能確定這個命題的結論為「是」。如果第一個問題的答案就是否定，那麼第二個問題也無須討論了。

　　然而就如前言，現實上考古證據常常都表現地模稜兩可，有時考古學家在其他地區發現了和台灣極類似的某種器物，但單只是這樣並不足以作為「移民」的證據，有些也許是出自貿易或其他行為的結果。更重要的是：人群與人群之間若有零星的交流往來，這本來就是極為自然之事，除非我們發現了成組連續、大量或具有模式性（例如特定路線）的考古事證，才能堅強地予以確認。

　　過去以來作為台灣與太平洋島嶼間的關聯性考古證物以巴圖形器和樹皮布打棒最具代表。「巴圖」原指太平洋民族（尤為紐西蘭

---

[18] 例如若在漢人村落長大，講漢語的原住民小孩，他的體質是反映一種「本質原因」，語言則是反映「後來的文化結果」。

的毛利人）在舉行儀式行為時握於手中的象徵性物品，而台灣古代遺址中有一類石器的外形頗似巴圖，被稱為巴圖形器。這類台灣石器會不會是太平洋巴圖的原型？換言之，巴圖是否就是由古代台灣人移居太平洋島嶼時所帶入？

樹皮布打棒是打製樹皮布的工具，以太平洋民族的標本為例，主要特徵是器體帶柄，且器面上刻劃著槽紋。類似這種外形的器物也被發現於台灣的史前遺址中，亦被稱為樹皮布打棒，但是否有著同等功能？尚須實驗性的印證[19]。更重要的是：樹皮布文化的分布範圍很廣，如何證明其主人就一定是南島語族也是一大疑問。

除了正面線索外，反面也有證據力主台灣不是南島語族原鄉，台灣考古中的兩縊型網墜就是一例。這是一種被稱為「投網」之漁網的附件（圖1-20）。投網技術是個很有效率的台灣古代發明，如果史前台灣人確實曾移民到其他島嶼，可以想見必定會帶著這個捕魚利器隨行。但是實際上除了台灣島之外，其他地區從未發現過這種器物（陳有貝2007）。

圖 1-20　今日仍在使用的投網捕魚

又如石刀（圖1-21）也是一例，這是用於摘取作物穀穗的收穫

---

[19] 所以有研究者提倡在確認其功能之前，對史前出土物最好先稱為「有槽打棒」，避免因功能性的稱謂引發誤解（連照美1979）；巴圖形器的名稱亦同。

用具。考古研究發現史前石刀乃源於東亞大陸，後來才傳播到周邊如日本、韓國、台灣等地。石刀也是有著很好的效能，所以才能廣泛地被流傳使用，並跨海傳播到日、台等島嶼。台灣島內亦是如此反映，史前石刀出土地幾乎遍及全島，無疑是一種普遍又重要的生業器物。然而在菲律賓（或東南亞）、太平洋島嶼卻極少有石刀的發現報導。

圖 1-21　台灣常見的石刀（富源遺址）

　　台灣近代原住民的很多文化要素都可一路上溯到新石器時代，而既然所有近代原住民都是講南島語，那麼新石器時代的他們祖先應該也是使用南島語的人群。台灣新石器時代有 6,000 年之久，等於南島語人在台灣也應有這個年代以上的歷史，是已知南島語族中相當古老的一群[20]。只是「古老」不等於「源流」，生活在「寶島」的古老南島語族如果從此定居後就不想外移了，那就不是太平洋南島語族的起源或祖先了。

十、結語

　　台灣最早的人類來自哪裡？是出自中國南方的獵人？還是東南亞海上來的漁民？這群古老移民在台灣長期過著舊石器時代的生活方式，文化的變化遲緩，直到距今 5,000 多年前仍是「獨居」在島嶼的一側，最後才在與新石器時代文化的競逐下消失。

---

[20] 考古認為台灣早期人群來自中國東南—南方沿海，因而該地區很可能也曾經存在使用古老南島語的人群，故有稱之為「原南島語族」（proto-austronesian）的用法。

台灣的新石器時代人無疑是從海上來的新移民，他們原居於中國南方沿海一帶，來到台灣後，定居、活動，逐步擴散到本島各地，是至今所知相當古老的南島語人。

　　早期的台灣人如何創造本地的生活方式？「農業」可能是一個最重要的答案。台灣農業在東亞海島世界中堪稱最早與發達，不僅取代以過去以海洋為主的生活，也帶給日後台灣獨特的繁榮，影響所及包括社會組織與精神信仰。

　　數千年以來，必定相繼有著不同的人群來到台灣，他們在各地過著契合於當地環境的生活。其中尤有不少居於山地，這是出自他們對傳統生計的主動選擇，還是後來迫於某些歷史因素才被動地進入山林？近代台灣的多族群現象是自然環境下人群分化的結果，還是代表歷史上曾有多次不同的族群移民？研究者還發現原住民呈現著高山族與平埔族等兩大文化形態，這是反映著什麼樣的歷史過程？史前台灣人有族群的概念嗎？考古學如何深入他們的心思探討？

　　在沒有國境疆界的時代，史前台灣人和周邊地區的互動關係如何？來到台灣島的古代南島語人有沒有再出台灣，成為太平洋民族的祖先？還是從此在台「安居樂業」？這則是牽動著南島語族的源流與擴散的國際議題。

　　以上各個問題可說亦是環環相扣，對於各個解答也不能彼此矛盾，例如主張台灣和周邊島嶼沒有互動者便不能同時接受台灣是南島語族的起源地。又若干解釋可能不是單一選擇，族群分化和外來移民也許都曾發生；有些族群可能主動選擇適應山地，有些則是歷史性事件所造成。此外，我們也應善用考古學科的特性，有些史前課題已難以用復原歷史事件敘述，卻能試以文化人類學的思維來解釋過程。

當然無論如何，考古學是個講求實證的學科，最後的關鍵還是在考古證據！

山林裡的南島語族──台灣原住民族群的形成論

貳

早期人群的來源與特色

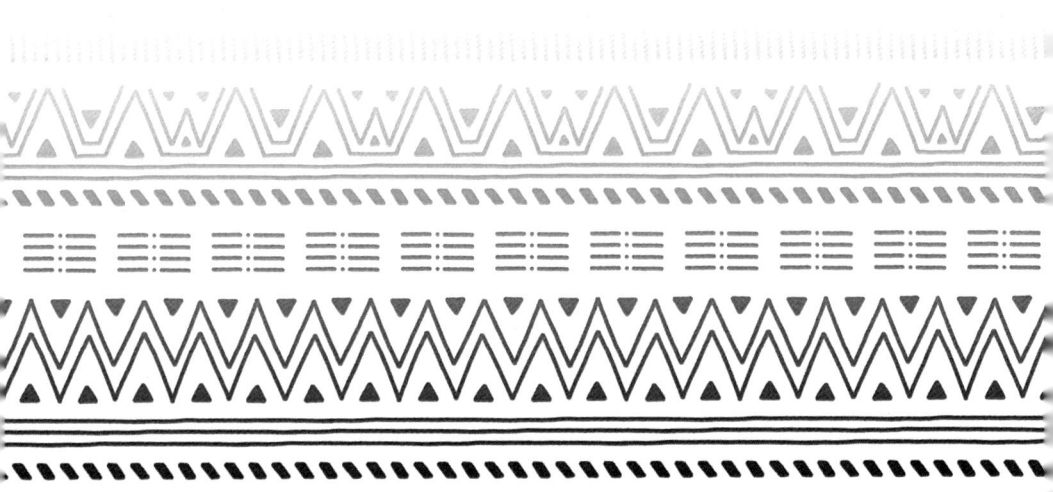

第二章
最早的台灣人

　　近年,八仙洞遺址重新被發掘,新的出土資料指出它的最早年代接近距今 3 萬年前,再次確立了台灣舊石器時代的存在。

　　一般認為台灣的舊石器時代人和新石器時代人是沒有直接關係,主要原因是舊石器時代發生於更新世,新石器時代人開始於全新世,兩者的年代落差大,所處自然環境也不同(如冰期與冰後期、動植物相的差別),人群本質自然會有差異。再加上考古遺物所反映出的生業方式、工藝技術也確實都有明顯距離。所以在這個認識下,台灣的舊石器和新石器以來所謂的「南島語族」或「古代原住民」[21] 可視為沒有直接關係。

　　然而站在另一個角度,凡地域人群不可能對後世完全沒有影響,尤其是台灣舊石器的時代延續到相當晚才結束。據幾個重要遺址(八仙洞遺址、小馬海蝕洞遺址)的 C14 年代測定顯示,其最晚年代一直持續到距今約 5,000 多年前,甚至從出土眾多的遺物看來,此時正是台灣舊石器文化的盛期。有趣的是約同時期的台灣島上也已經分布不少新石器時代的住民了,可以想像這兩種文化差異巨大的人群必定曾在台灣某地相遇。而向來的後果都是:在同一環境的生存競爭下,其中一方(舊石器時代人)勢必極迅速地被消失,惟他們的文化必然也會以某種方式存留在島上。黃士強(1991)曾經提到東海岸一直都有不少打製石片器,便是來自早期文化傳統,即為這種

---

[21] 指「和近代台灣原住民有直接傳續關係者」,也可稱為「近代原住民的祖先」。

概念的例證。這說明了文化的影響力常常是超越人群性質，隨著土地而長存。

欲深入討論台灣舊石器，必先檢視資料本身與其正確性。過去數十年來曾有台南菜寮溪「左鎮化石人」的說法[22]，但近年已被全然否定，證實只是新石器時代人的誤認（邱鴻霖、陳有貝 2016）。目前主要以東部地區的八仙洞遺址、小馬海蝕洞遺址、小馬龍洞遺址，及南端的鵝鑾鼻第二遺址有較可靠的舊石器出土資料（圖 2-1）。以最具代表性的八仙洞遺址而言，因為過去測定的年代多集中在距今 5,000 多年前，遠遠晚於一般對舊石器時代的固有認識（1萬年以上），從而曾有個頗富創意的見解，認為他們只是暫時居住在海邊洞穴以方便捕魚的新石器時代人群。對於器物上何以不見新石器時代常見的磨製石器？其解釋是因為目的只是單純捕魚的短暫居住，所以未在洞穴裡進一步製造複雜的石器（Chang 1969a）。不過，若從出土地層看來，這批考古埋藏完全是被壓疊在新石器時代遺物層的下方（宋文薰 1980），而且在石器製作上並沒有應用新石器時代技術的痕跡。假設是新石器時代人所為，不可能全然不運用更有效的已知攻石技術，故

圖 2-1　台灣的舊石器時代重要遺址

---

[22] 包括中學教科書都有「左鎮人」的記載。

所謂的「捕魚營地」說法難以成立。他們確實是屬於舊石器文化的人類，只不過年代持續得很晚（陳有貝 2016b）。

此外，根據近來的新資料又指出：八仙洞遺址中最古老的 3 萬年前人類可能延續到距今 1.5 萬年前便告一段落，到了距今約 5,000 多年前才又來另一批人群，前者為舊石器文化人；後者被稱為先陶文化人[23]，這兩時期的人群不同，後者甚至可能是原住民口傳中的「矮黑人」（臧振華 2016：62）。這個說法再度讓問題增加了些想像，古代台灣是否真的存在不使用陶器的矮小人群？

一、獵人與漁民

現在對於台灣舊石器的發生原因大致有個分歧看法，一是主張人群來自東亞大陸南方陸地，另一種認為是來自東南亞海島區域。這個問題不僅只是個歷史性的議題，也關係著台灣早期人類的特性。主張來自大陸南方者認為當時人類為了追逐獵物（當然也包括魚類），直接步行穿越冰河時期浮現於台灣海峽的陸橋，進入台灣島。主張來自東南亞島嶼區者則認為人類當時已有操舟渡海的能力，主要為了捕捉海洋魚類而駕船來到台灣島（加藤晉平 2000）。簡單而言，前者主張他們是群獵人；後者則是專業漁民。

早期的研究多傾向「獵人說」，近來「漁民說」似有取代前者，成為主流的趨勢。說明如下：

就推論的證據而言，這個問題除了台灣本身外，還要分別參考 3 個台灣周邊地區的考古資料，分別是中國南方、東南亞與琉球，前兩處涉及台灣人群的來源，琉球則是台灣人群的去處問題。資料的性質也可分成體質與文化等兩方面，前者主要為人骨化石；後者

---

[23] 意指年代已進入了新石器時代，卻仍然沒有陶器的時期。

是考古所發現的器物。將上述各種資料整合、比較，便能對這個學術問題有基本認識。

首先於人骨資料方面，最早被研究者提及的有中國的柳江人、台灣左鎮人及琉球的港川人等。過去，日人研究者鈴木尚（1983）曾提出柳江人和港川人有體質形貌上的類似性。如此一來位居兩地中間的左鎮人自然必屬同類，又地質上認為此三地（中國南方、台灣、琉球）在更新世時期曾有陸橋貫接，且台灣出土的古代動物和陸橋（現為台灣海峽）及中國華南的動物群類同，因此「陸路─獵人說」便成為本課題最早的答案。

只是在人類的器物證據上卻一直未能有具體成果，以檢驗本說的確實性。學術研究方面，中國南方的舊石器和台灣的舊石器同屬牟維斯（Movius 1948）所說的「偏鋒砍器─石片器傳統」（chopper-chopping tool tradition）（圖2-2），然這是東亞整個大區域共有的普遍現象，並不足以當成中國南方與台灣的特有傳播證據，而且位於這條道路末端的琉球地區也缺乏此類器物的報導。

除此，對本說最大的衝擊還是來自兩個分別在

圖2-2　偏鋒砍器與石片器（小馬海蝕洞遺址）

日本與台灣的人骨研究案。第一個是日本方面再度對港川人與周邊地區人骨進行分析比較，結果卻指出港川人反而和東南亞的古人骨較為類似，即古代琉球人可能來自東南亞海域，而非東亞大陸的古代陸橋（馬場悠男 2000）。第二個是台灣將過去認定具有 2～3 萬年歷史的左鎮人，以較新的 C14 年代測定技術分析（AMS）後，結果

證明事實僅有約 3,000 年的歷史，左鎮人並不是舊石器時代人類，而是台灣常見的新石器時代人（邱鴻霖、陳有貝 2016）。這樣一來，在地理上最鄰近中國南方的台灣西南平原上就沒有了舊石器人類的活動證據。上述兩項新結果打擊「陸路—獵人說」的可信度，目前除了地理上的合理性外，似乎再無有力的證據支持了。

　　相對上，後來提出的「海路—漁民說」逐漸受到較多的重視。前面提到的體質研究顯示琉球人的來源應該是東南亞島嶼，而台灣位於這兩地中間，極可能屬於這條路徑的一處。尤其發現於台灣西部內陸的左鎮人已不存在，目前主要的發現都是集中位於東部或南端的海岸地區（八仙洞遺址、小馬海蝕洞遺址、小馬龍洞遺址、鵝鑾鼻第二遺址），增強了這個說法的可信。在器物證據方面，除了基本的「偏鋒砍器—石片器傳統」外，台灣的舊石器遺址還出土了不少以石英材質為主的細小石器（圖 2-3），類似器物也見於東南亞海域及琉球等島嶼[24]，同樣支持本說。

　　還有是台灣的舊石器遺址出土不少和海洋漁業相關的資料，其一是被稱為「倒 T 型魚鉤」或「魚卡子」的骨器，此種器物長約 2～

圖 2-3　石英質小石器（小馬海蝕洞遺址）

---

[24] 位於沖繩本島的サキタリ洞穴是琉球首次發現有舊石器化石人與器物並存的遺址，其中包含至少 3 件外地帶入的石英質小石器，其他尚有距今 2.3 萬年前的貝製魚鉤（沖繩県立博物館・美術館編 2018）。

5公分,兩端削成尖狀,中央或帶有個凹槽,推測是一種古代釣魚用的魚鉤(圖 2-4)。而且在八仙洞遺址內發現相當多大型的魚骨(如鮪魚,非近海魚類)(宋文薰 1969),小馬海蝕洞遺址則見大量的貝殼,這些都是當時人攝食海洋資源的證據。相對而言,洞穴中出土其他動物遺留數量稀少,顯示源自「漁民」的可能性大於「獵人」。

圖 2-4 可能是種魚鉤的骨製尖器(仿製)

　　新說法亦強調:過去認定貫穿台灣、琉球列島間的陸橋事實並不存在,所以古代人群必定是駕船跨越海洋才能到達琉球各島(海部陽介 2016)。近年在石垣島建設飛機場時發現了白保竿根田原洞穴遺址,出土大批舊石器時代化石人骨,定年資料顯示結果達距今 2.7 萬年前,加深學界對三萬多年前人類已普遍活動於本海域(包括台灣)的看法。此外,又從遺址現象中判別當時應有埋葬行為,葬姿略似四肢屈折,置於地表淺層或露天,或稱為風葬(沖繩縣立埋藏文化財センター 2013)。這個發現和小馬海蝕洞穴的坐姿人骨現象(圖 2-5)[25] 是否有關仍待深入探討。筆者於 1980 年代曾在蘭嶼的海蝕洞穴中目睹散置人骨,年代不明,和「風葬」行為略似,但這些都尚屬微弱的線索。

---

[25] 小馬海蝕洞發現目前所知台灣最古老的人骨,約距今 5,000 年前,死者姿勢呈蹲坐,背靠於洞壁,大致上各骨骼仍維持正確相對位置,未錯位或凌亂散布,不能排除是否為死後埋葬,或是因洞穴岩石的突然崩落而被埋入(黃士強、陳有貝 1990)。

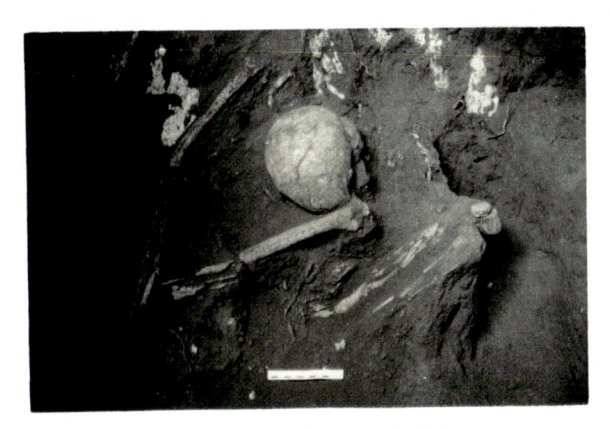

圖 2-5　小馬海蝕洞穴內的人骨

二、漁民的啟示

如果台灣的舊石器人真是來自海域的漁民,那麼這個事件對於認識史前台灣有何啟發?我認為至少以下幾點可值得注意:

(一) 東亞海島周邊潮流環繞,有著豐富的洄游魚類等資源,這可能使得遠從舊石器時期開始便有人群在附近海域活動,並因此接觸到台灣島。這種現象應該不僅限於舊石器時代,在新石器時代以後,從台灣南端到東海岸某些地點都可看到若干「異文化」,證明這個路線現象的長久存在(圖 2-6)。

(二) 這些漁民「族群」並非僅有一批,證據之一是比較八仙洞與小馬海蝕洞的考古資料,前者出土的生態遺留以

圖 2-6　長久存在的東岸路線是否和海流有關?

魚類為主；後者以貝類為主，兩地的主要食物形態不同。又前者可見魚鉤；後者則無，表示取食的技術也有異。另在石器的製作與使用上，兩者亦不盡相同，如小馬海蝕洞出土了一件很有特色的石器（石材），外形似使用石瓣技術取材後的石核（陳有貝 2002a），這種加工技術在八仙洞遺址是全然不見。而前面也提到八仙洞遺址可能有兩個不同時期的占居人群（臧振華 2016）。總之，雖然可全視為海上漁民，但各人群本身的文化有差異，來源也可能不一（圖 2-7）[26]。

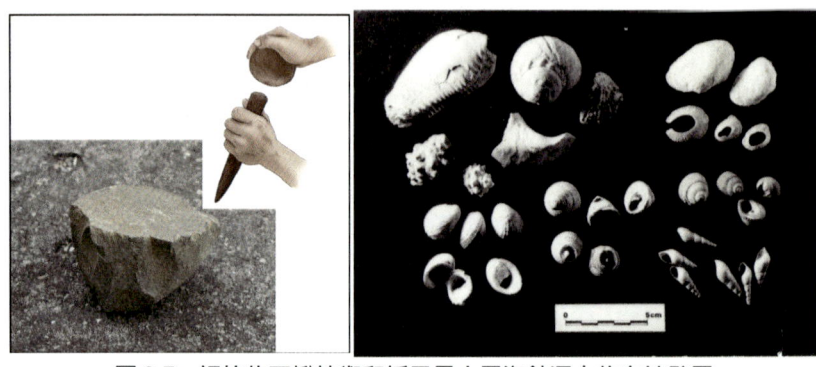

圖 2-7　初始的石瓣技術和採貝是小馬海蝕洞人的在地發展

（三）舊石器時代人類的某些行為影響了後世人群，並且呈現出地域性傳承的傾向。如前述的東部打製石片器在後來同地區的遺址中大量出現，又如舊石器的「倒 T 型魚鉤」也出現於新石器時代的鵝鑾鼻一帶（李匡悌 1989）。縱使舊石器人群終

---

[26] 一般的「石瓣攻石技術」屬於二次加工，並多利用間接打擊法，製作的程序是先將原石砍打出一個平面，再從平面以間接打擊法精準打下石瓣。而小馬海蝕洞遺址所見者，乃是利用原本即有個平面的原石，再依序打剝下石瓣，故不能界定為完整的石瓣技術，但無疑較八仙洞的一次加工與直接打擊法的技術更為往前一步。小馬遺址出土了相當大量的海岸貝類，亦可視為生業行為在地化的一種表現。

至消失，他們曾有的文化無疑已在當地續存留下。

總之，從距今 3 萬年前開始，在東南亞海域一帶活動的漁民因海洋漁業資源的追逐來到台灣，這種過程可能多次不定時的發生，甚至延續至晚近。他們登陸台灣的地點不只一處，但多集中在東部海岸或南端一帶。有些人群顯然選擇本島住了下來，他們利用海邊洞穴或可遮風避雨的蔭岩作為居住地，就近獲取海洋資源。同樣的情形也發生在附近其他島嶼，如在琉球列島共發現了 10 多處的舊石器時期遺留，存在的年代也在距今 3 萬年前以內，可以和台灣的情形作相同的解釋。

台灣舊石器時代的特點之一是晚至 5,000 多年前仍然非常興盛，這是一個和周邊地區非常不同的景象，當前仍是一大謎團。前述關於「矮黑人」的說法，除非真的在體質特徵上得到印證，否則現階段也多屬「推測」的成分[27]。

舊石器能在台灣長久延續，或許和海洋生業資源充裕無虞，以及缺少其他早期新石器時代人的進出有關，代表是一種穩定環境的結果。

最後，仍須強調上述乃是基於現有資料所得的結論，考古的發現日新月異，而且各種問題的答案通常不限唯一，肯定了「海路—漁民說」，不代表就是完全否定從陸橋而來的可能性。位於新北市八里區海邊有個著名的下罟坑遺址，在這裡的海灘上常常可以撿到各個時期的遺物，其中有些打製石器呈現出古老的舊石器技術模式（圖 2-8），形態上和東部常見的偏鋒砍器傳統不同，不無可能是出自另一批不同的人群所為。

台灣的西部海域在冰河時期曾經浮現出廣大陸地，也許曾有人

---

[27] 如果台灣真的曾存在矮黑人，那麼考古應該會發現相對應的「矮人骨」，但事實則無。

圖 2-8　下罟坑遺址海岸及疑似的舊石器

類活動於此，只因全新世後海水上升，才把活動的遺留全都淹沒入水中，相信下罟坑舊石器的出現應該就是曾存在西部的眾多遺址案例之一（圖 2-9）。

　　台灣的舊石器時代人雖然不屬本書的主題——古代原住民與南島語族，但是他們有形或無形的文化要素都或多或少融入本地，成為開啟日後台灣不可缺的一部分。

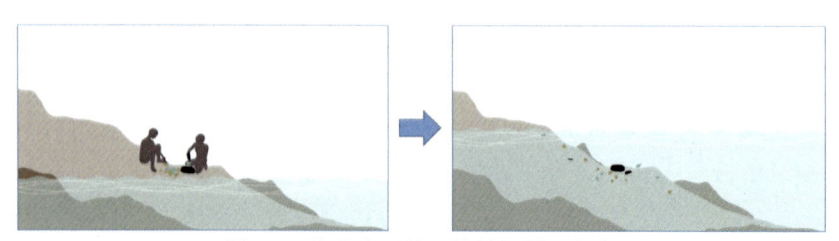

圖 2-9　海水上漲後，遺址便埋入海中

第三章
台灣新石器時代的開創者──
古老的南島語人

　　1960 年代初之前後，在新北市八里區淡水河出海口的西南側山丘上發現了一處埋藏有史前時代遺物的地點，被命名為大坌坑遺址。後來經過了考古發掘，發現此遺址含有多個不同時期的遺留，年代橫跨數千年之久，其中年代最早者，即埋藏於地層最下方的遺留被稱為大坌坑文化。到了 1965 年，張光直在高雄發掘鳳鼻頭遺址（圖 3-1），同樣從地層的最下層出土與北部大坌坑文化相同特徵的遺物。相類似的發現又見於台南八甲遺址，1970 年代初以貝殼標本[28]測定 C14 年代，校正後距今約 6,500 年前（校正年代：6475 ± 170；黃士強 1974，1984）。至此，大坌坑文化逐漸被接受為台灣新石器時代

圖 3-1　大坌坑時代的小丘環境居住選擇（鳳鼻頭遺址）

---
[28] 非出自地層。

最早的人類遺存，主要分布在台灣各地沿海平原與丘陵，年代約距今六千餘年前[29]，東部地區略晚於西海岸約有數百年至 1,000 年。

大坌坑文化對於台灣而言，除了是新石器時代最早的考古埋藏外，尚有如下的重要意義：

一、台灣新石器時代的人群與文化一直持續發展成近代原住民，從而年代最早的大坌坑文化可說就是近代原住民的主要源頭。所以，大坌坑文化的人群來自海外何處？他們的族群或社會狀態如何？這些都和認識、理解後世原住民的社會文化相關。

二、近代所見的台灣原住民都是南島語族，一般有個想法：如果古代曾有非南島語系的人群來到台灣，那麼依照常理他們一定會傳下後裔，然而實際上卻毫無所見，可見古代的台灣居民全部都是講南島語。由此邏輯說明當時遺址的主人也都是南島語族，而年代最早的大坌坑文化便成為台灣最古老的南島語族遺留，想要認識古代南島語族的種種便得仰賴對它的考古研究。對於主張「台灣是太平洋南島語族起源地」的研究者而言，大坌坑文化是印證此假說的最佳資料。

總之，大坌坑文化是追溯台灣文化源頭的標的，也是認識古代南島語族的關鍵。下文將在考古基礎上進一步陳述這個特殊的南島語人群與文化。

一、人群的本質與來源

世界上不少地區的新石器時代文化乃是演變自當地舊石器的承傳，常見的一類模式是在距今約一萬餘年前，當地質年代由更新世

---

[29] 最近有研究者根據實質資料將這個年代修正至五千餘年前，但目前尚無最終共識。

（冰期）進入全新世（冰後期）之時刻，人類因應自然環境的改變而產生新的生業方式，尤其是農業，並伴隨有陶器的製作、石器的磨製技術等特徵，此即一般所認知之新石器時代的發生。

另外也有不少地區是不適用於這種模式，例如日本列島的農業是距今約 3～4,000 年前才開始，而陶器或磨製石器的發明都早於一萬年前，各種新石器文化要素的發生時間點明顯不一致。台灣又是另一種模式，史前台灣的農業、陶器、磨製石器幾乎都出現在同一個時間，從內容看來和舊石器沒有直接連結關係，也非出現在距今一萬年前，所以最大的可能便是外來人群的直接帶入（圖 3-2）。

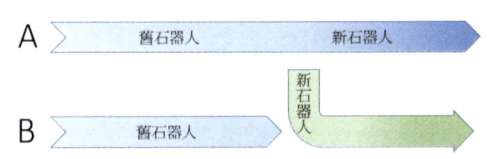

圖 3-2　新石器時代的發生模式（A 為舊大陸常見；B 見於台灣）

現在大致認為中國東南到南方沿海一帶將是台灣大坌坑人最可能的來源地，這除是考慮地理上的鄰近外，也是從比較分析各地出土遺物後所得的結果。至於若是再進一步圈定地點，一般約略可分為主張福建沿海（東南沿海）或廣東沿海（南方沿海）等兩論。但我認為仍以後者最具可能，尤指地理上的南嶺山地以南，這個地區自古和南嶺以北不僅生態環境不同，亦有著不同的人群與文化表現（圖 3-3）（陳有貝 1999）。在多角度的綜合比較下，南方沿海

圖 3-3　中國嶺南山地之南北兩側的環境與人文皆有差異（陳有貝 1999）

的遺址內容顯然與台灣大坌坑較類似，主要理由除了陶器較為類似外，近來常被強調的樹皮布打棒也是證據之一。這類器物從台灣新石器早期便出現，在大陸地區的類似物僅見於 6,000 年前的南方沿海（被稱石拍），不見於嶺北（鄧聰 1999），故可以作為一個重要指標。

然而現實也有非常曖昧模糊的另一面！典型台灣的早期大坌坑文化有如以下的幾項器物特徵：

（一）常見的陶器器形有罐和缽，口頸上或有一環凸脊，器表多粗繩紋紋飾[30]，口緣或頸肩部常有平行劃紋，有時出現若干貝紋等（圖 3-4）。

（二）石器的種類主要有石鋤、石斧、石錛、石鏃、網墜和樹皮布打棒等。

據以上，研究者連結起台灣海峽兩岸的早期關係（張光直 1987），但對於「遺物的類似」在證據解釋上仍有待補充之處。

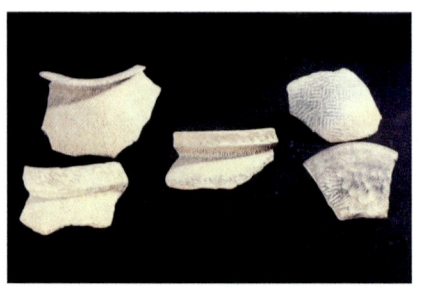

圖 3-4　大坌坑文化陶器的典型特徵

例如在陶器方面，所言的「罐」與「缽」都是相當普遍的器形，除了台灣與大陸南方海岸外，還廣泛見於其他地區。如此基本、原始、簡單的陶容器造形並不足以當成判別文化或人群異同的基準。理論上應該在基本種類之外，還要能指出有著特定風格特徵上的相似才能視為有直接親緣上的關係。於此例，足以顯現其意義者應是如「口頸上的一環凸脊」或「平行劃紋」，然而這些在中國東南至南方沿海卻極少見（陳有貝 1999）[31]。

---

[30] 所謂粗繩紋大致是每公分寬度內有 2～3 道紋飾；細繩紋則是每公分寬度內約 4～7 道紋飾。
[31] 近來有研究點出大陸南方若干遺址的陶器亦有近似特徵，但資料尚屬有限（葉美珍 2018）。

同樣的道理，同時期的東亞各地其實都普遍流行著繩紋，包括中國大陸的華北與華中，甚至西伯利亞與日本皆有之，故這也是一種具時代性的共同基本紋飾。而貝紋基本上常見於沿海遺址，即「海岸環境」才是貝紋出現的真正因素，非關兩地文化的親疏。

石器方面，因外形多受制於環境取材、石材的物理性質、使用的功能目的等因素，較難反映背後製作群體的風格意識[32]，大坌坑文化所見的石鋤、石斧、石錛、石鏃和網墜多屬如此。

歸納言之，台灣大坌坑文化與大陸新石器早期的類似性多在於器物的基本原始性（如罐、缽、繩紋等），以及因適應相似生態環境所表現出的類同（如各種石器），加上一些區域風格流行傳播的結果，以此論證人群或文化的同質性並不夠堅強（圖 3-5）（陳有貝 2000b）。僅是「相同生活方式的外在表現」不必然是因為族群文化傳統的相同，而且我們是該適切反省：單純以器物的異同可能不足以找出這個問題的答案，必須某程度地再加入論理上的探討。

原始性 ＋ 生態適應性 ＋ 風格流行 ＝ 兩岸共同表現

圖 3-5　台灣海峽兩岸呈現共同性的原因

過去常假想對岸有個大坌坑文化「族群」的原居地，然後其地的人民因故渡海來到台灣生存發展。在這個假設中存在一個非常關鍵的問題，便是所謂的「族群」。文化人類學者一定都會贊同未經定義釐清的族群乃是個很模糊的字眼與想像，在各種狀態下，人群社會應該有不同的形貌。所以，6,000 年前中國南方沿海的人群狀態就是一個要先解決的前提。

針對族群研究，考古學上一個很有效的資料便是墓葬，因為人

---

[32] 部分特殊材質如玉器，因為色澤紋理美麗，常做成裝飾物或象徵、祭祀物，則可充分反映「風格」。

類的埋葬行為蘊含著對思想、信仰等精神層面的認知,這部分在族群的凝聚現象上扮演著重要的角色。例如族群的成員通常會認知有共同的先祖(或神),故對人死後的埋葬會表現出一致的生死觀及對應的儀式,以符合對共祖的敬畏。

然而試查閱中國南方沿海的新石器時代早期資料,從各種調查、發掘的考古報告書中不難發現一般缺少較大規模的村落與人群聚居遺留,亦不存在較大的墓地。而且觀察個別墓地現象,墓葬內的陪葬品少,種類型態差異大,埋葬沒有一定的方向,顯示較鬆散的規範(陳有貝 1999)。

一般推測東亞南方地區在新石器時代多是兼行採集、漁獵與園藝式小農業,可想見偏重海洋的沿海居民更是如此。這種小型村落本身就必須是一個生存自足的單位,各個單位之間並無必然、必要的緊密依存關係,接觸少又缺共同利益考量下,具體的我族共識自然無存在理由。

有族群意識才有共同的文化傳統。既然在源流地不是一批有著鮮明族群認知的人們,那麼初來台的大坌坑人自然也不會是「一個族群」。我們過去常提到大坌坑文化的主人 = 古老的南島語族,可能是因為稱其為「族」,所以誤以為他們就是一個族群。事實上他們只是擁有著類似語言系統的「語族」,所以有時候稱為南島語人似乎較合於所述。

較遺憾的是目前對台灣初期大坌坑文化的墓葬發現有限,無法和對岸的「來源地」的資料做比對,也無法進一步知道他們的儀式、信仰行為或族群狀態等。總體上,現在的看法是:他們原本多在中國南方沿海地區活動,後來可能零星駕船來到台灣,有些落腳於北部,有些在南部,分別居於較低矮的山坡,形成小群體的散居狀態,以漁獵和簡單農業為生。我們不知道各村落間的語言是否相通或差

別多大,不過生活方式上應該有些基本類似。

　　初來到的台灣島對他們而言是個人煙稀少、幾乎沒有對手（可能只有少數的舊石器時代人）的「寶島」。以粗略的計算推測,當時或許僅有數千人（參見第四章）。再單純就遺址發現的數量統計,到了下一個時代階段便有極顯著的人口成長,而造就這個現象的原因,便要從他們的生存方式中找答案!

二、島嶼的求生

　　原本活動於中國南方沿海地區的人群必定相當倚重海洋資源,對於這點可從當地的考古調查報告獲得印證。此外,也可使用台灣研究者所發掘的亮島島尾遺址群（圖 3-6）資料為例[33],此處出土了不少海洋魚、貝等遺留,以及骨器、陶器及若干簡單加工的石器（陳仲玉、邱鴻霖 2013）。新石器早期初來台的人群應該也是如此地倚重海洋生業而生活。

圖 3-6　小海島上的亮島遺址（尹意智提供）

---

[33] 此處不表示亮島遺址群與台灣大坌坑文化的人群有親緣關係,僅是基於資料認為他們的生活方式有類似性。

再以距今約 5,000 年前本島的南關里遺址與南關里東遺址為例，其實就有不少屬於海洋資源的遺留。這些魚、貝一方面被食用，另方面做成工具、器物、裝飾品或墓葬中的陪葬品（臧振華等 2006），顯示「海洋」在日常生活與文化脈絡中的重要性。

其後維持著對海洋的重視與利用的地區便大為減少，唯一少數地區便屬台灣最南端的墾丁一帶。1930 年代初，台北帝大發掘了墾丁遺址[34]，開啟了本地區的專業考古研究（圖 3-7）。1960 年代鵝鑾鼻遺址發掘（宋文薰等 1967），到了 1980 年代則展開全面有系統的考古調查，發現 60 餘處史前遺址，其中不少達距今 4,500 年前，即研究上所稱的新石器時代「紅色細繩紋陶文化」，被視為大坌坑文化之後續發展（李光周等 1985）。

在墾丁地區進行調查、發掘之深刻經驗便是常常會發現大量史前人食用後的貝殼、魚骨等（圖 3-8），毫無疑問，這必然和地處發達的珊瑚礁自然環境有關。此類海

圖 3-7　1930 年代墾丁遺址的考古發掘（台大人類學博物館提供）

圖 3-8　鵝鑾鼻遺址出土的魚骨

---

[34] 此為台灣考古史上第一次進行的正式發掘，主要遺物現保存於台灣大學，部分於日本關西大學。

域內孕育著豐富多樣的資源，非常有利於各種漁業活動。墾丁人不僅食用大量的魚、貝，而且也利用其材質做成各種器物。這般對海洋資源的偏好在台灣幾乎是個特例。

就多數地區而言，海洋生活形態在台灣島內並沒有維持太久，來台歷經一陣適應期之後，隨後便發展出適應於台灣山林農業的生活。近年有著甚多出土資料的南科遺址群清楚地呈現此一趨勢。據研究者表示，台灣西南平原一帶從新石器早期到中期的生業形態有明顯改變，人群從原本的海洋資源利用轉向為內陸資源的利用（朱正宜 2013；臧振華、李匡悌 2013；臧振華等 2006）。於此統合其發表的相關資料如下：

（一）從年代較早的南關里遺址與南關里東遺址（屬大坌坑文化晚期，可達距今約 5,000 年前）中出土了食用海貝、貝刀，以及貝珠、貝玦、貝環、貝片、鯊魚牙等裝飾品，尤其不少作為墓葬中的陪葬品，另有砝碼型網墜。

（二）從年代較晚的遺址中（大致屬紅色細繩紋陶時代以後，距今 3800 年前~）則有較多食用淡水貝、石刀，以及玉珠、玉環、陶環等裝飾品，另有兩縊型網墜、陶網墜。

上述早期與晚期的出土物有不少鮮明的對比，如食用的海貝對淡水貝；收穫用的貝刀對石刀；裝飾品中的貝器對玉器；漁具中的砝碼型網墜對兩縊型網墜、陶網墜。早期很清楚地有著豐富的海洋性格；後者則是顯示著內陸適應文化（圖 3-9）。

研究者也計算代表海洋資源利用的網墜遺物，於南關里早期

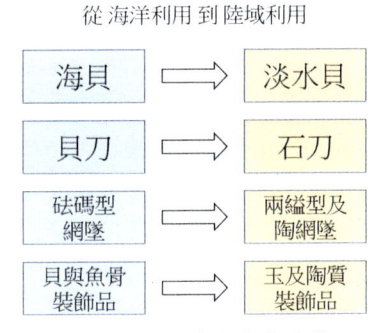

從 海洋利用 到 陸域利用

海貝	⟹	淡水貝
貝刀	⟹	石刀
砝碼型網墜	⟹	兩縊型及陶網墜
貝與魚骨裝飾品	⟹	玉及陶質裝飾品

圖 3-9　早晚期文化的改變

文化層出土25件，晚期卻只有8件，意味到了晚期漁撈活動的銳減。另外又統計了南關里東遺址出土的貝類，在總數約3,192公斤的貝殼標本中約五分之四以上皆是出土在早期的地層，故而文中提到「難以理解的是，貝類資源到了晚期已明顯呈現縮減的現象」（李匡悌2014，2016：153）。於此，減少的應該不是貝類資源，而是人群的生業方向改變。

觀察大坌坑時代之後，距今約4,500年以後的遺址（普遍被稱為紅色細繩紋陶文化），多出土大量的農具如石刀、打製石斧（鋤）、石杵等，甚至也包括農作物本身的遺存。即使如環境中擁有多樣且豐富海洋資源的墾丁、鵝鑾鼻一帶，在出土魚、貝遺留之同時，依然有不少農業相關證物出土（李光周等1985），證明史前台灣農業的全面性發達。

再視北海岸頗有代表性的水碓尾遺址（距今4,670~4,300年）出土很多具有平行劃紋、粗繩紋、帶脊頸部等特徵，無疑是大坌坑文化的典型。觀察其中出土的石器，有大量的石錘及若干打製石斧、樹皮布打棒、石錛、石鏃等（厲以壯2015），這份清單中明顯缺少了穀類農業用的石刀，很可能是根栽農業的反映。同區域時代稍晚的訊塘埔遺址，雖然也位於海岸邊，也出土漁業用網墜（兩縊型與砝碼型），然而不僅是實質生態遺留或是裝飾、儀式用品都大大缺乏與海洋性相關，反而多見農業用的石刀、打製石斧等（厲以壯2011）。

另一類例子如在中部地區距今約2,000年前的嘉義魚寮遺址，出土了極為豐富的陶器、石器，伴同遺物並有大量的貝殼與魚骨，然而卻完全不見如網墜與魚鉤等漁業用具（劉克竑2010）。顯然這些多為居民在潮間帶的一種「採集」，而非典型的漁業。全島各地跡象都表示當時的生活已相當程度轉移至農業。

事實上,即使是早期的「偏重漁業」,也得要澄清這不等於「漁業是唯一的生業來源」,世界上除了少數特殊案例外,很少人群可以只仰賴漁業便能維生,通常植物才是不可或缺的生業來源。位於台灣島東南海上的蘭嶼達悟族雖被稱為「海洋民族」,其實達悟族的生業收穫中水芋等根莖作物才為主食。

總之,台灣新石器的最早移民可能是倚重海洋資源的漁業民,然來到台灣之後在很快的時間內便轉向農業資源的利用,根莖作物、穀類作物可能都有一定的比例。這個結果導致人口的增加、村落的定居與大型化,以及社會形態的改變。台灣的考古遺址確實如此反映,遺址的數量增多,分布的環境多樣化,占居地從西部擴展到了全境。據一般統計,屬於大坌坑文化的遺址數量約有 20～30 處,而到了其後的紅色細繩紋陶文化可能有將近 200 處。而且出土物的內容性質也煥然一變,各種功能的陶器分化(圖 3-10),出現專業化、工藝化的器物,有些墓葬集體存在,並有各種豐富陪葬品、裝飾品等。農業就是促進這些現象的重要背後原因!

圖 3-10　墾丁遺址的各種陶器(李光周等 1985)

原本來台的大坌坑人群是有著十足海洋個性的南島語人,何以移居至台灣後卻成了不折不扣的農民?這個現象的原因在後文章節中仍有不少討論,大致若先以環境做些背景說明,應不難得到一些線索。

初來到台灣島的人群一定很快便接觸到了山林,這個設想絕對是有所根據。地質學者繪製了一萬多年來的台灣海岸線(陳文山、楊小青 2012),可以發現在距今約 6,000 年前的海岸線其實已經臨靠著丘陵山地,幾少平原地帶(圖 3-11)。

如一般所知，今日的台灣島有三分之二的面積為山地、丘陵，亦不乏 1,000～3,000 公尺以上的高山，相對平直單調的海岸線，諸多的「山林環境」顯然是台灣最與眾不同的特點。站在大陸的觀點，台灣或許只是東亞無數海中小島之一；而從海洋的觀點，卻很難有著這麼一座充滿內陸景觀的「島嶼」。如台灣南方的菲律賓有數千座島嶼，其中最高山僅近 3,000 公尺；台灣北側的 200 多個琉球島嶼中，除最北端的屋久島有近 2,000 公尺高山外，沖繩縣內最高山地僅約 500 公尺，而這些島嶼多有台灣欠缺的曲折海岸線與豐富的珊瑚礁海域。相較之下，海、陸自然環境的輕重對比是如此清晰，台灣無疑是一座充滿著內陸資源的島嶼！

圖 3-11　多山少平地的史前台灣（資料引自陳文山、楊小青 2012）

三、結論：古老的南島語人

台灣最初的新石器時代大致始於距今 6,000 年前，對應於語言學之研究，他們可能都是講古南島語之人群；以考古學之用語，可稱為大坌坑文化人。

我們可以藉由比較台灣的大坌坑文化遺址和大陸沿海遺址的異同以進一步引證人群來源，但因現實上卻少有可以完整相應的發現，所以上文強調了一個應該注意的前提，即當時並沒有具體成形的南島語族群存在，因而台灣的大坌坑文化也就不能是一個族群的反映，最多只是來自某個特定地區的人群，或許因為關聯的地緣、環境因

素使得人群在語言、生活上有些共同性，而這個基礎並沒有加入文化意識而得以穩固結合。

是否在6,000年前有一次來自大陸南方沿海的大移民？這仍是個充滿疑惑的問題。近年在琉球列島上陸續發現了距今約有9,000年前的陶器（山崎真治2017），再度對傳統以來的看法投下一些震撼！也就是說在更早的時代便有人群在這個區域往來，或許有日台灣也可能發現更早的新石器時代人群，那麼「大移民」的真相或許只是長期間的人群累積。

從考古證據看來，古老的海岸人群來到台灣後僅有少數延續著過去的海洋生活方式，多數人則走入了山林，轉變成為一種重視農業的新南島語人，他們是台灣新石器時代文化的奠基者。

第四章
台灣史前農業的發生

　　台灣的山林究竟有何魅力，讓原本擅長於漁業的人群從此成了農民？這部分從「理論」與「實際」都有一些資訊可以參考，前者如在日本曾風行一時的「照葉樹林文化」；而後者便是台灣考古出土的證物。

一、照葉樹林文化理論的啟示

　　照葉樹林文化理論原本出自於植物生態學的研究，由於它的適時出現，給予日本史前時代的農耕問題找到了理論上的依附，深深影響著日後的研究發展。所謂照葉樹林文化的現象不僅限於日本，台灣也涵蓋在它所涉及的範圍內，故可藉此啟發不少假設與推理。以下先行作簡要介紹，再據其說法探討史前台灣問題。

（一）背景——繩紋時代有無農耕的爭論

　　照葉樹林文化理論的原說法來自一位植物生態學者，和考古學沒有直接的關聯。而在今日也非所有學者都贊同該主張，只是任憑誰都無法否認它對日本考古研究曾有過的重要影響。究竟其內容有何引人之處？以下就是它的一段發生故事。

　　根據 C14 年代測定與考古層位上的證據，日本最古老的陶器距今超出一萬年前以上，這個階段的陶器表面常滾壓著繩索的紋飾，所以被稱為繩紋時代。繩紋時代維持一段相當長的時期，直到紀元

前三世紀左右才結束。接下來是有著金屬器與水稻農耕技術的彌生時代，研究上確認造成這種文化躍進的原因是來自大陸地區（包括朝鮮半島）的移民與文化刺激。

因為陶器是新石器時代的重要標誌之一，且所謂的新石器時代多半已有農耕，所以早期日本學界認為已有陶器的繩紋時代會存在著農耕乃是理所當然（即使缺乏證據），況且繩紋時代極為漫長，若說是沒有農耕反倒有些不可思議。

這個情況到了1930年代後半突然有了改變，轉捩點是來自考古學者山內清男（1937）的質疑，他提出一連串的理由來主張日本的繩紋時代根本沒有農耕。例如日本所栽培的農作物多半是外來，而且和農業相關的考古資料都出現在和東亞大陸有直接交流關係的彌生時代。所以彌生時代才是農業的時代，在這以前的繩紋時代是沒有農耕（能登健 1987：9-10）。

山內清男的主張並非沒有道理，主要關鍵之一當然還是考古上向來缺乏繩文時代的農耕證據。然而到了戰後，藤森栄一（1963；戶沢充則 1994）從理論角度舉出多項側面理由闡述繩紋時代應有農耕，主要論點可歸納如下：

1. 石鏃等狩獵具的稀少化；2. 農具與植物糧食處理具的增多；3. 煮食與儲存用的陶容器形態固定化；4. 女性像陶偶的增加、生活地改變、聚落的大型化等。

藉著多重證據的說服力，繩紋農業的說法逐漸得到部分學界的支持。只是上述仍屬間接證據，這對於講求實證主義的日本考古學來說還是難以完全被接受。

繩紋時代到底有沒有農耕？答案就這樣搖擺於肯定論者與否定論者的爭執當中，誰也無法得到決定性的勝利。但是就在這種氣氛下，正好給了照葉樹林文化理論進入考古界的一個最佳契機。

（二）理論誕生

　　1966年，植物生態學者中尾佐助（1966）的《栽培植物と農耕の起源》一書刊行，原書內容本是討論世界各地的農耕文化，但其中之一節「照葉樹林文化」卻觸動了考古學者的內心。照葉樹林（lucidophyllus forest）一詞原譯自德語，指的是位於地中海周邊較高地區之森林，後來被借用指稱日本暖溫帶的常綠闊葉林[35]（圖4-1）。

圖 4-1　日本宮崎縣的照葉樹林

　　中尾佐助（1966）自己所言的照葉樹林主要指由殼斗科、樟科[36]等類的植物所形成的樹林，由於這類植物具有濃綠色的葉子，在陽光的照耀下顯得閃閃發光，因此被稱為「照葉」。在亞洲，主要分布在喜馬拉雅山山脈到中國大陸南方，以及朝鮮與日本南方的溫帶森林區（圖4-2），此地帶以南緊接著副熱帶雨林區，而其高地或北方則因地區不同有草原、落葉林或針葉林等林區。

---
[35] 請參酌（上山春平編 1969：66）。
[36] 日本的植物和分類名稱不盡與台灣相同。

中尾氏接著指出生活在這類照葉樹林帶中的人類文化有相當程度的類同性，他並以茶、柑橘、紫蘇、酒、絹絲、漆器等在種植、生產製造、取用方式上的相同特色為例說明。

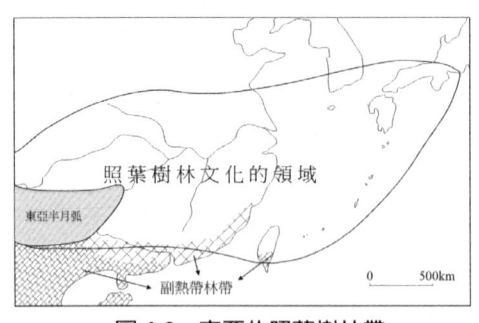

圖 4-2 東亞的照葉樹林帶
（改繪自佐々木高明 1991）

由於在植物林相上，照葉樹林涵蓋了從大陸到西日本地區，在這種環境背景下農業可能很早就有了發展，所以日本農業並不一定要全部仰賴日後於彌生時代的大陸文化傳播。這樣的說法不啻給了繩紋農耕論者最大的信心。終於，決定性的證據出土了，後來果然從繩文時代的遺址中發現了作物的炭化種子，直接證實繩紋農耕的存在。

（三）理論的成形與發展

《栽培植物と農耕の起源》發表之後，以繩紋農耕與照葉樹林為主題的研討會相繼展開，並加入各個相關領域的見解，例如文化人類學者佐々木高明（1971）從民俗學、比較民族學、生態學、考古學的觀點闡述日本初期的農耕型態可能是燒耕而不是肇始於水稻。另對於本林帶的文化特質也有不少新的認識，例如種植小米或喜好黏性食物的習慣都是其中根深蒂固的一環。

照葉樹林文化理論因有助於突破當時考古學上的困境而受到重視，然該理論最初是出於植物學的觀點，如何進一步結合人類的歷史文化研究絕對是後來成敗的關鍵。關於此，可舉上述佐々木高明（1971）的研究為例說明，以下為他的一些重要主張：

1. 日本的文化底層不是起源於彌生時代開始的稻作文化,而是要溯及至稻作以前之繩紋時代農耕文化。他衍生稱為「照葉樹林燒墾農耕文化」,強調是以穀類植物的燒耕行為為主,其中的稻米原本只是被當做一種雜穀來利用。
2. 彌生時代的水田耕作所以能快速發展,原因除是大陸來的傳播外,關鍵還在於日本當時早已具備某種程度的農業基礎,若是沒有這種預先的文化準備(例如對禾本科植物的栽培、調理、加工的知識與技術),不太可能單靠傳播便能一蹴即成。這種基礎整備便是燒耕文化。
3. 照葉樹林帶的共同文化要素有中尾氏最早指出的澆水去澀技術[37]、茶葉加工飲用、蠶繭取絲、漆樹液製漆器、麴之固體發酵法釀酒、柑橘與紫蘇的種植等。再經佐々木補充整理,尚有:發酵大豆製成食物(如日本之味噌與納豆)、發酵的魚片與蒟蒻的食用、高黏度的雜穀或糯米稻的開發與栽培、喜愛蒸飯團或粽子、糕餅麻糬等富黏性的食感,並將之當成儀式性或待客用貴重食品,進行小米等雜穀植物與芋頭類混作的燒耕,及各種禮儀風俗、神話等。這些成果主要來自各地(包含台灣)的田野調查第一手資料,成為照葉樹林文化最堅實的基本證據(圖4-3)。
4. 過去曾認為照葉樹林文化的傳播中心位於中國雲南一帶(參見圖4-2),由這個中心向東

圖 4-3 照葉樹林的資源利用(日本宮崎縣綾町照葉樹林文化館)

---

[37] 將植物性食物搗碎後,以水沉澱,去其澀味,取其澱粉。

傳播到華中、華南、朝鮮半島南端及日本列島西半部。此主張原是根據渡部忠世的稻米起源地研究而來，他利用殘留在古建築磚瓦中的稻穀遺留來追蹤各個時代的品種[38]，結果發現有最多稻米品種的地區是在印度阿薩姆省到中國雲南一帶，故認為此處為亞洲稻的起源，日後才向東傳播到長江主流一帶。在這個設定下，佐々木認為由雲南向東傳播的植物中當然不會只有稻，而是混雜著在山坡地區粗放燒耕所栽培的穀類。

隨著學術發展，渡部忠世曾經大力提倡的「東亞半月弧起源中心」的理論已日趨式微。不過即使如此，以植物林帶為論述基礎的說法對於環境適應與多民族文化交流現象仍是深具解釋能力。我們不妨將本理論視為一個文化深層結構的探討分析，其特點在於所強調者和一向以歷史研究為重心的東亞考古學不同。前者關心的是文化的內容構成與機制，採借近似人類學式的觀點；後者想知道的往往是事件的起因、過程與影響等歷史面向。

二、照葉樹林文化傳播與史前台灣農業

跨國界與族群的照葉樹林文化理論對於解釋史前台灣亦頗具啟示，以下說明。

（一）照葉樹林文化傳播

對古代文化的研究者而言，照葉樹林文化說法最富魅力之處便是指出東亞某些特定地區在文化上的相同表現，並將之歸因於植物生態上的類似。照葉樹林植物帶橫越中國西南與東南地區，約在南嶺以北的長江流域地區；至於嶺南則接近熱帶林區，和嶺北已顯著

---

[38] 可以利用磚瓦的已知年代來確認稻米樣本的年代。

不同。海島台灣的情形最是特別，地理位置上的台灣緯度雖已跨入熱帶林相，但一是受到海洋性氣候的影響，另則還因為有眾多較低氣溫的山地，故在平原邊緣的丘陵山地也擁有龐大的照葉樹林帶，而向來這個地區正是原住民最活躍的地區（海拔數百公尺至一千多公尺）。這樣一來，是否原住民的古文化也會呈現著照葉樹林帶所具有的特色？

參照前文所舉的照葉樹林文化特徵，住在山林裡的台灣原住民的確有不少符合之處，例如：喜好高黏度的食感（圖4-4），進行小米等雜穀植物的燒耕等都相當典型。事實上根據佐佐木高明等人的田野調查，近代台灣山地確實仍保存有這類生活特色。所以也可相信史前台灣亦是照葉樹林文化國度內的一員。

圖4-4 高黏度食品是原住民的喜愛物（大隘社矮靈祭製作獻祭的米糕，台大人類學博物館提供）

那麼，照葉樹林生活文化是如何進入台灣？從歷史現實看來，本林帶至少曾存在有中國西南、東南的各少數民族、長江流域的漢人、朝鮮半島與日本列島等不同民族，所以林帶文化的類似性不會是來自族群本質。而且若干文化特徵並非全見於所有林帶各地，有些僅是分布於一部分關聯地區，因此「文化傳播」必然居於相當重要的因素。換言之，台灣和對岸的類似性基本上也不脫來自文化的傳播。

當然，所謂文化傳播的發生亦非毫無條件、不需理由，若配合照葉樹林文化理論的現象，便可將之歸結為：因為各地區生態環境

相似,故有著類同的文化整備環境,在這種基礎條件下便極有利於文化要素的傳播、影響與接受,所以在照葉樹林帶的區域中,無論族群的異同皆容易產生相同的文化現象(陳有貝2000b)。例如漆器工藝的存在除了自然環境中要有漆樹作為原料外,還須有濕氣較高的氣候配合,以促進漆液作用,使液體凝結成固體,而此種自然條件(植物、氣候)正是照葉樹林的特色(佐々木高明1982:125)。所以一旦某地會製造漆器,這種技術便很容易在共同的環境中散播開來。在這裡,自然環境便是提供了一個基層背景上的類同,允許相關文化要素的流動。又如前面所說的「喜愛黏黏的食物口感」,可能是來自早期對根莖類植物加工食用後所產生的口感偏好(佐々木高明1982:154-155)。長久的習慣便成了一種喜好,在此林帶下孕育出廣泛的深層類同,於是如製作粽子、麻糬或選用黏度較高的粳稻等行為便很容易出現與擴散。

在前章中提到台灣的新石器早期人群乃多來自中國南方(嶺南)沿海,然而在後來的史前遺址中卻經常發現非南方沿海(嶺北、長江流域)的大陸古要素,代表性者如史前小米、稻米農作,以及相關的石刀農具、兩縊型或陶製網墜、黑陶、三足器等(圖4-5),甚

圖4-5 三足器(左,分布示意圖)和黑陶(右)是台灣可見的大陸特徵要素

至有部分都成為後來台灣古文化的主流，這便是藉著相似生態環境系統下的文化傳播證據。

學界過去曾有張光直（Chang 1969b）提出「龍山形成期」的概念，或黃士強（1985）所重視的「史前兩岸共同文化」現象，都可以使用上述架構給予重新認定，此點即是照葉樹林文化理論給予台灣史前研究的重要啟示。

（二）台灣早期農業的發生

照葉樹林文化說法的機制是建立在植物生態的背景，且和東亞人類的農業行為有很大的關聯。所以我們也可借用它的想法，配合台灣考古出土的農業證據，來檢視台灣早期農業的問題。

照葉樹林文化帶的基本農業形式為「燒耕」，主要對象是穀類作物。佐々木高明（1997）認為這種農業原是起源於更南方地區的根栽方式，當南方人群北上進入照葉樹林帶之後，才將燒耕技術應用於適應暖溫帶的穀類作物（圖4-6）。

圖 4-6　帶著燒耕技術的南方人群北上後改為雜穀作物的燒耕

上述說法當然不是為台灣「量身訂做」，然而意外地給了史前台灣農業研究一個很好的假設參考：即先有南方的人群來到本島，原本以熟悉的根栽為生，後來因為島上有暖溫帶的山坡林相，於是在照葉樹林帶的文化傳播底下，便改為施作穀類作物的燒耕農業。這個敘述無疑與前面所言「台灣新石器最早移民原來自大陸南方沿海偏重根莖作物與海洋資源的人群，來到台灣後進入山林轉向成為實施穀類作物的農民」完全鑲嵌，可言理論、證據與研究結果皆同。

進一步，我們還可再補充如下：

1. 對於史前台灣的早期根栽行為目前尚無直接證據[39]，不過常見的「打製石斧」或許是一個很好的間接證明。打製石斧的名稱雖為「斧」，研究者多認同它的功能其實是一種「鋤」（所以又可稱打製石鋤），用來掘地挖土，在近代民族學採集品中也有類似標本。

   打製石斧是東亞史前常見的一種器物，本身形態多樣，分布時空廣，即使在尚無農業時期的日本、琉球都還有打製石斧的存在，可見它是一種因時因地而異的多功能挖土工具。據日治時期的調查，蘭嶼當地的達悟族仍有記憶過去以手握打製石斧進行鋤草等農地作業，並以掘棒實施根莖作物為主的農業（鹿野忠雄 1946）。漁業＋根栽，這該就是台灣早期南島語族的寫照（圖 4-7）！

   圖 4-7　有漁有農的蘭嶼達悟（台大人類學博物館提供）

2. 第二個問題是台灣如何從早期根栽萌生出穀類作物栽培？以下用稻米的例子說明：

   稻米是古東亞世界普遍且重要的作物，關於台灣史前稻米耕作的出現，一個說法是「本土發生」，主要是因台灣本島也有野生稻的存在（鈴木重良 1935），所以理論上不能排除本土發生（馴化野生稻成為栽培稻）的可能。然已知的台灣野生稻屬秈稻品種，而古代遺址中包括年代較早的南關里遺址與南關里東遺址（距今約 5,000

---

[39] 根栽類的植物遺存本身容易腐爛，考古不易發現。

年前），或是其他較晚遺址所發現者經鑑定多為粳稻（參見李作婷 2010），明顯和原有野生稻的秈稻品種不同（圖 4-8）。再說稻作從野生馴化到栽培是一個漫長的過程，不太容易在一個短時限內便全然完成，所以純粹的本土發生論的可信度值得懷疑。

相對上，正如台灣新石器時代受到大陸不少影響，所以會不會穀類栽培行為就這樣直接被帶進了台灣？過去研究者亦很早便注意到農業傳播的可能（國分直一 1959；張光直 1954）。對此，可以再特別強調以下兩點：

圖 4-8 台灣野生稻的穀粒長，偏秈稻型

第一是大坌坑文化人的來源地（大陸南方沿海）僅有野生稻，且為秈稻；嶺北才有具體稻米栽種，且多屬粳稻一類。而且台灣出土的農具亦多同於嶺北，所以台灣是在與嶺北地域的接觸過程中認識了稻米栽種的知識、技術與效用（即照葉樹林帶的傳播），從而開展了本土的稻作農耕。台灣早期人群的來源（嶺南）和文化的傳播（嶺北）完全是來自不同的路徑。

第二是另有研究者提到台灣的粳稻和嶺北所見粳稻並不完全相同，所以不能排除受到本土野生稻的影響（王映皓 2007）。再從較新的矽酸體研究亦表示東海岸的早期稻米品種可能屬秈稻，和西海岸不同，顯示台灣稻作多樣性的另一面（李作婷等 2015）。這是說不能簡單想像成人群直接帶入，而是在有著適當的環境條件下，接受知識、技術的傳播可能較近於事實。

總之，台灣史前穀類農業的特性是：不是單純的本土發生，也非全然的外來引進，而是特有條件背景下的產物，即靠著文化傳播應用於本土環境，無論農具與穀類栽培的知識、技術皆為如此。正

如照葉樹林文化理論提供的啟示：傳播的產生乃是有生態環境的條件為前提。若台灣本身沒有適當的環境，僅是文化接觸仍不會發生作用。環境是一個必備的先決條件，在整個傳播與發生的機制中具有決定性的地位[40]。文化接觸只是扮演觸發性的角色，它通常是人類世界中常見的普同現象，不一定需和特定的歷史事件有關。

台灣的緯度偏南，本來非屬照葉樹林相應有的地理位置，但卻因山地多，溫濕適當，於是形成了這類的生態環境。原本以利用海洋資源和根栽技術維生的南方人群遷移至台灣島後，進入了照葉樹林帶的文化傳播區，在知識與技術的流動傳播中獲得了穀類作物的知識，於是在原本燒耕技術的基礎下產生穀類作物的成功種植。

穀類農業行為在台灣的考古證據相當充裕，其中最能說明與嶺北─長江一帶關聯性的證物便是石刀（圖4-9）。這是一種專用於摘取穀穗的收穫用具，推測必是具有相當的效能，所以在東亞地區散播極廣，甚至東傳至日本島嶼等。台灣的石刀非常普遍，等同表示此時穀類農作的蓬勃發展。

圖 4-9　石刀是摘取穀穗的農穫用具

（三）史前台灣農業特性

穀類作物的燒耕栽培是史前台灣文化發展的基礎，但關於它是如何運作尚少見於考古研究。以下，便試著從一些線索來認識其輪廓。

---

[40] 就像現代社會中，如果一個地區沒有電的設施，電器就不容易輸入；沒有道路設施，汽車便不容易輸入；沒有網路電信，便不易有手機發展。

1. 普遍性

台灣自新石器時代以降，幾乎各地遺址都有著與農業行為相關的證據。在目前所知的 2,000 多處遺址中，檢視其中有較完整的調查與發掘紀錄者，確認相當高比例的遺址都出土有農業相關遺物，最常見如打製石斧（鋤）、石刀、石杵或作物遺存體等，尤以前兩種器物最具代表[41]。這個現象亦不受到所處環境的影響，即使如位於叢山中的曲冰遺址，或是在海洋資源豐富的珊瑚礁石灰岩地區之墾丁──鵝鑾鼻一帶，農業的證據亦無減少。根據實際的田野經驗發現，不少丘陵、山區常隨處散布著大量的打製石斧（鋤），無疑是反映著當時普遍、廣泛的農地與農作。

2. 延續性

從新石器時代以來，歷經鐵器時代到近代，各地除了普遍具有農業活動外，農業的內容形態之變化可能亦不大。這個想法主要根據來自早、晚時期農具的類同，如前述的打製石斧（鋤）、石刀與石杵等。

(1) 考古所稱的打製石斧（鋤）堪稱是台灣新石器早期以來至晚近最常見的器物之一，甚至近代文獻也提到「缺乏……作為深耕的工具或幫手；而主要依賴叫做 gagava 的丁字型鋤狀物，作為稻米栽種的農具」（康培德 2001）。這種器物即是 1930、40 年代，日本人研究調查時看到當地布農人自行打製長方形的扁平石斧，再綁上木柄作為鋤地耕作的農具（圖 4-10）（胡家瑜、崔伊蘭 1998：172-173）。要言之，台灣從新石器時代以來至晚近時期的人群皆持續利用著這類農具，其形態幾乎未曾改變。

(2) 石刀的出現約在距今 4,000 多年前，但若以類同的採收方法而言，

---

[41] 據粗略的檢視，在出土資料較詳盡的遺址中有打製石鋤與石刀者占九成以上。

時代較早或可延伸至近 5,000 年前貝刀的出現（如南關里與南關里東遺址出土，臧振華、李匡悌 2013；臧振華等 2006）。在新石器的石刀盛期之後，進入鐵器時代，多數石刀或被鐵製品取代，部分地區則延續到距今約 1,000 多年前（如舊香蘭遺址、漢本遺址）。到了近代，在平埔族的紀錄中仍提到：「收割時，用的是如刀狀物的器物，而不是像鐮刀類的農具來切斷稻梗。稻米的收割不是數日內集中收成，而是長時間地，每日應所需來收割一小部分」（康培德 2001：12）[42]。這是因為採取了粗放的旱地耕作，穀穗的成熟時機不一，故以單株的形式收穫（圖 4-11）。這種「單株採收」的形式維持了數千年不變，是一種「延續性」的表現。

圖 4-10　布農族的鋤地用具（上：台大人類學博物館提供）

圖 4-11　原住民的小米採收（林佳靜提供）

(3) 石杵是出現於東部特定範圍內的農業用具，從新石器時代約 4,000 年前到晚近遺址皆有出土。阿美族相關民族誌中對於這類器物的製作、使用亦多有記載，又如日本人文助在他的漂流見聞回憶

---

[42] 康氏引自 Campbell, ed., *Formosa under the Dutch*. 原文。

錄中也有阿美族的石杵圖繪（秦貞廉 1940）[43]。石杵長期不變的存在也是台灣農業形態延續性的證明（圖4-12）（陳有貝 2013）。

顯然台灣從數千年前以來便一直使用著同批類型的農具，換言之，農業不僅普遍施行於台灣各地，並且長期維持著穩定不變的形式。這種情形要等到近代漢人、日本人引進新農業（如水稻）後才有顯著改變。

圖 4-12　台灣東部近代仍存在的石杵

根據以 C14 年代資料為基礎的遺址年代推定，不少台灣遺址的占居時期幅度皆頗長，短則數百年，長則超出千年以上，亦不乏居民在遷出一段時期後，再有人群回到故地，表現出對同一區土地的長期、反覆利用。綜合以上，無論從行為特徵或是參考近代原住民資料所見，這種農業形態極可能就是「山田燒墾的游耕農業」。

不僅平原緩坡區的情況如此，山地亦不例外。國立自然科學博物館的何傳坤等（2012）整合了日治時期（鹿野忠雄 1946），以及中研院史語所（臧振華、張光仁 1996）的過去研究，並透過實際田野調查與試掘，列舉阿里山鄉 43 個資料較可靠的遺址（多數的海拔高度在 500～1,000 餘公尺間），最後綜合獲得幾項以下成果：
(1) 本地區有兩個文化層，下文化層距今 3,800～2,500 年，屬紅色細繩紋陶；上文化層距今 2,500～200 年前，屬素面紅褐色粗砂陶。
(2) 石器有打製石斧、矛鏃形器、石錛、石刀、兩縊型網墜等，其中的打製石斧占了石器總量的四分之三。

---

[43] 可參見第十章。

(3) 共計發掘七座石棺,去除三座未發現陪葬品者,四座墓葬中有三座陪葬有打製石斧,有三座有陪葬箭頭,他類的陪葬品極少。

　　上述阿里山鄉的考古資料顯示,即使在山地仍於新石器時代便有人群居住活動,並且與平原地區人群互動來往,保持約略同步的流行風潮(據陶器現象)。其中出土的大量打製石斧代表農業的盛行,石刀顯示穀類作物的栽培,石錛是山林開採工具,兩縊型網墜代表溪河的個人漁業,矛鏃則是山林狩獵的證明。如此的生活方式從史前到近代,甚至延續至近代原住民。

　　以相同角度檢視其他山地遺址,如大馬璘遺址、曲冰遺址等都是同樣出土了大量打製石斧,以及石刀、兩縊型網墜、矛鏃形器,證明這是台灣史前的普同現象,而近代的原住民即為其共同的縮影(圖 4-13)。

圖 4-13　台灣山林遺址常見的石刀、箭頭、石錛、兩縊形網墜遺物(南投大坪頂遺址,黃士強提供)

(四)史前農業形態

　　進一步,我們以觀察近代原住民的資料,作為推測與復原史前農業輪廓的參考。

　　對台灣原住民的科學性調查始於日治初期,不過限於當時背景,投下的人力與工作程度皆不若 1930 年代的「蕃地開發調查事業」較具全面性。此計畫的核心人物為剛從殖產局調職至警務局工作的岩城龜彥,其人不僅具有官方公務色彩,亦親自踏足山林,多年從事調查實務。該次調查的成果龐大,以下僅擷取岩城龜彥(1935)著

作中可資本研究參考之資料，列舉如下（調查內容為當時所稱的「蕃地」範圍，略同山地原住民區域的概念）：

1. 日本政府於大正時期即開始提倡水田耕作，然而至 1930 年代，成果仍是極少，坡地的旱田依然是最重要的食糧生產地。1932 年，有水田 1,639 甲（略同公頃）；旱田 32,410 甲。即 1 戶約水田 0.099 甲，旱田 1.959 甲；1 人約水田 0.018 甲，旱田 0.362 甲。

2. 實際觀察、記錄了各地進行山田燒墾的情形，例如新竹州竹東郡メホマン社，海拔高約 2,300～3,900 尺（約 700～1,180 公尺），從 10 月到第二年 1 月間開墾土地，從 1 月到 5 月種植里芋，同田地到了 5 月再播種混作陸稻，里芋的收成是 10 月到年底，陸稻在 10 月收穫。第二年到第四年大致相同過程，第五年起休耕，期間約 8～10 年。

3. 在墾地的作業中，主要過程包含砍伐林木、乾燥、火燒、掘起雜草小木，堆石防止土壤流失，使用工具包含番刀、掘棒、小鋤等。收穫小米、陸稻時，在禾穀穗下約二、三吋處用小刀切取小束。

4. 比較了移居山腳與仍居於山地的數個部落，發現兩者差異很大。尤其前者多有了水稻；後者則仍以小米、陸稻、黍、玉蜀黍、甘藷、里芋、豆類為主，部分崎嶇地甚無陸稻。因為產量小，加上實施山田燒墾之故，故所需土地面積較移居山腳者為 6～10 數倍。

以上大致為近代台灣原住民的基本農業方式，後文將轉化這些資料說明史前農業與人群的關係（圖 4-14）。

圖 4-14　山林開墾是台灣原民文化的特色

（五）農業與人口

據農委會的土地調查資料，台灣土地形勢可區分為平原、山坡、高山等三類，平原和山坡約各占 27%，以農耕地計，約占全面積的 22%，即約八千平方公里，或 80 萬公頃[44]。筆者曾經做個簡略研究，提到就前述的旱田 32,410 甲而言，「人口 86,119 人，年產小米 39,021 石。以一石約成人一人的一年充足食糧計算，意味小米產量可供應基本糧食約達 45%（39,021/86,119）。其他如稻提供約 22%（18,619/86,119），並以藷、芋、豆等補充。」（圖 4-15）（陳有貝 2020b）。依此估算農地若 80 萬甲，則可養活 200 餘萬人。這個數字遠高於有史以來的原住民人口，即以客觀土地面積條件評估，台灣並無農地不足問題。

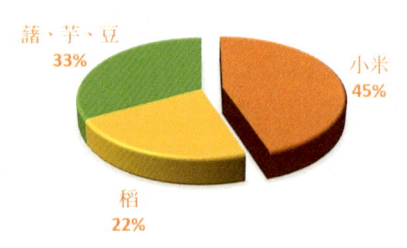

圖 4-15　原住民農產食糧比之一例

至於游耕農業有否為史前台灣帶來人口的增長？根據「台灣省五十一年來統計提要」（台灣省文獻委員會 1972：45）所彙整之日本時代高山族原住民人口數量（表 4-1），從 1906 年到 1942 年總共 37 年間，人口成長近 4 萬 9 千人，人口成長率約千分之十。這是第一個可以參考的資料。

其二是近代的原住民人口數量，一般對 20 世紀初平埔族人口的推算約 4～6 萬人，以此加上表 4-1 所列的 20 世紀初高山族的 11 萬餘人，推估當時所有原住民（高山族與平埔族）合計約在 15～17 萬間。

圖 4-16 是混合操作 5,000 年前以來人口數及長期平均人口成長

---

[44] 參見行政院農業委員會於網頁公開之農業統計資料（https://agrstat.coa.gov.tw/sdweb/public/book/Book.aspx）。

率,以最後可以得到 100 年前約有 13～15 萬[45] 人為目標的試算表格。

上列圖表,數列 1 是假設 5,000 年前僅有 1,000 人,並以人口成長率為千分之二計算,那麼人口數將在距今約 2,400 年前超出近代所知的 15～17 萬人,在 2,000 年前達到 40 萬人,顯然不符合事實。原因應該是當時人口成長率必小於千分之二,如近代千分之十的成長率更是幾無可能。

數列 5 是假設人口成長率在千分之 0.4,以近代約有 14 萬人反推 5,000 年前的人口數,結果為當時應已有二萬人,這似乎超出一般的認識。就 5,000 年前的考古遺址數量而

表 4-1　20 世紀前半的高山族原住民人口

年代	人口	年代	人口
1906	113,163	1925	136,706
1907	115,245	1926	138,627
1908	120,254	1927	139,327
1909	121,981	1928	139,234
1910	122,106	1929	140,169
1911	121,959	1930	140,553
1912	122,736	1931	142,436
1913	125,283	1932	144,303
1914	129,715	1933	146,924
1915	132,279	1934	148,472
1916	132,924	1935	150,502
1917	134,023	1936	152,350
1918	133,119	1937	154,255
1919	129,977	1938	155,921
1920	130,310	1939	157,394
1921	131,609	1940	158,321
1922	132,000	1941	159,594
1923	134,420	1942	162,031
1924	135,721		

言,很難想像當時突然出現二萬人在台灣,而且究竟這個數量已是 20 世紀初平埔族的一半人數。故就此圖表而言,大致在數列 2、3、4 間較為恰當。換言之,在台灣新石器時代初期應該僅有數千人,此後人口數量以和緩的曲線成長。

然而,此圖表還頗多缺憾,至少還少一個很重要的變數即是於各時期從島外進入的人口,這將使得圖 4-16 無法用一條規則的曲線表示。

進一步試著再找尋其他線索,客觀以普查報告所載之遺址資料

---

[45] 此數值稍小於前述的 15～17 萬,原因是近代的生命歲數較長,故略減去老年人口。惟此點對本研究結論並無顯著影響。

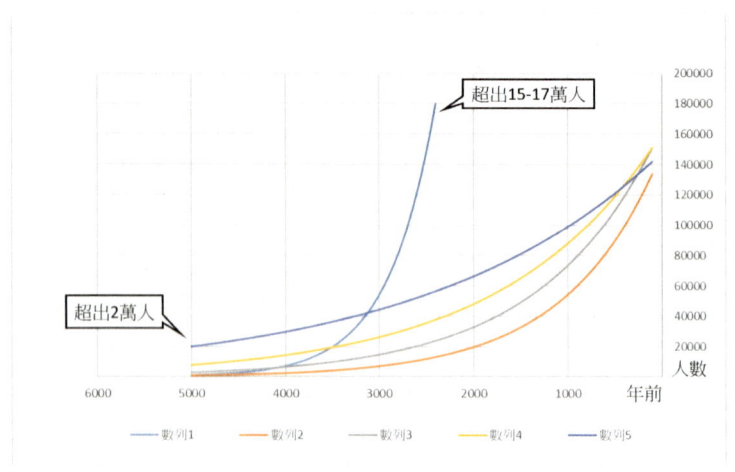

	數列1	數列2	數列3	數列4	數列5
5000年前人口數假設	1000人	1000人	3000人	8000人	20000人
人口成長率假設	千分之2	千分之1	千分之0.8	千分之0.6	千分之0.4
4000年前人口數	7,360	2,714	6,669	14,566	29,822
3000年前人口數	54,272	7,374	14,838	26,535	44,486
2000年前人口數	400,218	20,035	33,011	48,342	66,360
1000年前人口數		54,435	73,445	88,069	98,989
100年前人口數		133,828	150,844	151,103	141,874

圖 4-16　史前以來原住民人口成長推估

為準，選擇受到近代破壞較少的花蓮、台東所屬範圍為限（國立成功大學考古學研究所 2020；劉益昌等 2000），將所載約 300 餘處遺址粗略以時代區分，其中含有新石器時代遺留者共有 151 處，鐵器時代遺址共 110 處。若視遺址為聚落遺留，那麼目前的發現結果是：屬新石器時代共約 3,000 年間的聚落 151 處；屬鐵器時代近 2,000 年間的聚落約 110 處，後者並沒有較前者有顯著成長。

再將焦點縮小至調查更詳盡的南科園區一帶，根據歷年來的發現，在面積約 3,000 多公頃的土地上共有遺址 82 處，就其中 55 處有呈現年代資料者，屬於新石器早期大坌坑文化及牛稠子文化的遺址極端最少（3 處）；大湖文化 30 處，鐵器時代的蔦松文化與西拉雅

文化有 27 處（臧振華、李匡悌 2013：42-45）。整體而言，自新石器中期開始的遺址數量一時增多，隨後直到鐵器時期的遺址數量之變化並不大。現象和上述的東部地區有類似之處。

這樣一來，加入了外來人口因素及遺址數量的線索，那麼圖 4-16 的曲線或許該如圖 4-17 的形態，在意象上可能較為洽當。

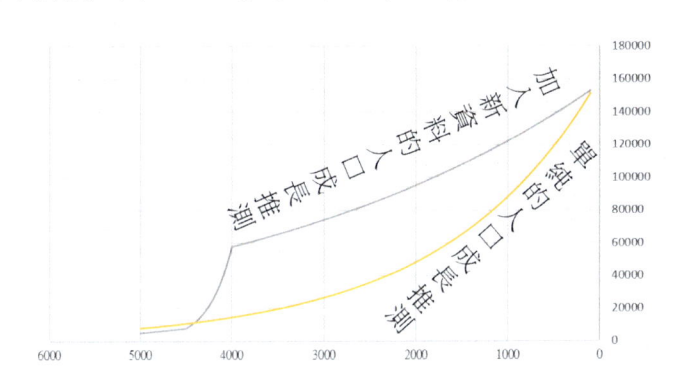

圖 4-17　史前人口成長示意圖

圖 4-17 的意義在於：
1. 初期人口少，而後有突然性人口成長，這應該和施行的穀類農業性質有關。
2. 人口突然成長後便長期維持平緩曲線，代表人群、文化社會的長久穩定性。

　　游耕被視為一種對環境的單向適應，而非主動性創造與改變環境。正因為如此，這種生業形態未導致人口、村落的顯著成長與變化。實際再從台灣考古的一般觀察，都可確認無疑。

　　從新石器時代以來即出現多個大型聚落，而後來的遺址規模亦無更大型化或特殊化傾向，且在出土遺物內容方面亦無顯著變化或特化成專業器物之趨勢。其中更有不少遺址含有多個以上的文化層，顯示聚落、生業長期趨於穩定的結構。

三、結論

　　新石器時代對台灣文化的意義極為重要，主要理由是考古學的證據顯示它的主人已是近代原住民的直接祖先，這個古文化在日後延續成為奠定近代台灣文化的基礎。

　　一般對於南島語族的印象常常是充滿著「海洋特質」的島嶼人群，事實上這種形態僅出現在台灣新石器時代的初期。不久，人群便走進了山林，從根莖作物栽培到穀類作物經營，形成台灣島嶼特有的山林農業文化。

　　無論是客觀產能或是可令人保有安穩心靈，農業都遠勝於林中的狩獵或海洋漁業。於是隨著農業的開展，維持適當人口，聚落大型化，社會複雜化，形成台灣特有的史前繁榮時代。

　　台灣雖是個島嶼，然而平原地區僅占全面積約四分之一，其他多屬坡地與高山，具有從熱帶到寒帶的生態，林相從闊葉林、針葉林到高山草原，在這壯闊又複雜的地形中蘊藏著多樣豐富的植物資源。更特別是在某些林地內，各種不同特性的植物分別占據著互異的高度空間，蘊藏更多樣的物種群落。要如何一語敘述台灣這種頗富彈性的山林結構？一般有使用「雜林」一詞，雖然不是嚴格的定義，倒是個頗能符合情境的描述，表達出一種混雜、寬鬆的生存環境。技術的革新在這裡反而變得不是那麼重要，正如海洋環境中豐裕的珊瑚礁海岸地帶，人群可以在比較「悠遊」的狀態下穩定求生。

　　所以，台灣的農業發生雖早，卻沒有因此激烈改變生業與社會。縱使史前台灣有新石器時代與鐵器時代的區分，然而在鐵器時代除了部分器物的被取代外，根本的生活方式並無改換，在層層相疊的雜林環境下的稀疏人群依然維持古老以來的生活方式。

　　「照葉樹林帶」影響著東亞各地的人群與文化，而「雜林」環

境是否也塑造了我們的特性？想像進入到島內山林的史前人群們是如何活動於雜亂共生的生態環境，這大概就是原台灣文化的底層基礎了。可以相信「雜林性格」必定也時時刻刻影響至台灣人的深層心理，包括如景觀與美感等精神層次吧！

山林裡的南島語族──台灣原住民族群的形成論

參

文化的形成與擴散

第五章
東亞區域架構下的台灣
——大陸與海島

　　從孤立的舊石器人群，到封閉的南島語世界及特有的山林農業，對於這些台灣特性，若是從整個東亞地域看來有著什麼樣的意義？以下的章節將從這個視野即我們與鄰居的關係中來瞭解。

一、東亞區域角度：大陸與海島的互動與傳播

　　所謂東亞一般泛指中國大陸東岸、朝鮮半島、日本四島、琉球列島與台灣等地區。著名的考古學者國分直一（1995）曾極力強調本區為「東亞的地中海沿岸」，即以環中國東側海洋之概念統合成一個研究地理區。歷史學者曹永和（1991：18）亦言「東亞世界的形成並不只限於國家層次……因應時代的不同，有時範圍限於狹小的領域，有時轉與更廣闊的世界交流、接觸……包括相互重疊的文化圈、交易圈、交通圈等……構成一個整體的歷史世界」。從上述可知自史前時代開始，東亞各個地區的人群間即有密不可分的關係。縱然在歷史時期，各地域分屬不同國家，然因地理與歷史背景的相近，使得相關的問題與發展皆無法排除其他而獨立。

　　同理，台灣島作為本區環環相扣之一分子，諸多現象便難以單獨只從本島立場認識，研究課題亦無法獨立於其他地區。特別是在史前尚無國家成立之際，地域族群的界線尚未明顯確立之前，彼此

間的影響可能更是密切。首度有人類來台的舊石器時代如此，帶入新石器時代的大坌坑文化或是開啟鐵器時代的人群也非例外。

以下敘述將以時間軸度區分為舊石器、新石器與金屬器等三個時代，探討對象包括東亞大陸、台灣、日本與琉球列島等，後三地在史前原本分屬不同的文化系統，但在一些發展中卻有類似之處，原因之一即在時時皆受到大陸文化的平行影響。

二、東亞世界的三個時代

（一）舊石器時代

更新世時期的東亞大陸已有不少人類活動，從各地遺址出土的人類化石與舊石器時期遺物可得證明。以較具代表性的石器研究而言，大致上所謂的「偏鋒砍器—石片器傳統」（chopper-chopping tool tradition）是一個界定較清楚的概念；另在北方舊石器時代晚期發現有較多的骨器、二次加工的石瓣技術與細小的複合型石器；南方多維持角度較大的偏鋒砍器及形制不定的石片器。

在東亞海島方面，日本列島上目前可確定的舊石器屬距今約3萬年前的「岩宿時代」，該文化內涵與西伯利亞或大陸東北有部分類似性，尤以磨製與石瓣的加工技術可說是東亞北方的特徵。

琉球列島與台灣的發現也多在距今3萬年前後，如新近發現的サキタリ（sakitari）洞遺址之最早年代達距今3.7萬年前；其次證據為山下町第一洞穴的小孩腿骨與脛骨化石，年代上溯3.2萬年前；石垣島的白保竿根田原洞穴遺址舊石器測定年代結果為距今2.7萬年前；資料最為豐富與完整的港川人，年代約距今1.8萬年前。琉球的人骨化石過去多半沒有一起伴隨文化遺物出土，直到最近在前述的サキタリ洞遺址有石英製石器等，其中還包括距今約2.3萬年之世界

最古老的貝製魚鉤。

少數位於琉球列島北部的遺址（如在奄美大島、德之島、種子島的發現）則出土形制不定的石片器、小石器等。在台灣方面，目前以八仙洞遺址的下層埋藏最為古老，最早年代 3 萬年前，整體的主要遺物包括偏鋒砍器、石片器、不定形小石器及磨製的骨尖器等，惟在這裡尚無人骨的發現（圖 5-1）。

圖 5-1　琉球與台灣的重要舊石器時代遺址

東亞大陸的舊石器可溯及百萬年前，東側的海島地區的最古老人類大致同約為 3 萬年前，如何從現有資料解釋這種普同現象？對於台灣史前史又有何意義？

（二）新石器時代

大坌坑文化是台灣新石器時代之最早，在西海岸約始自距今 6,000 年前，這個文化會製造陶器、磨製石器，並且有農業，和前一階段的舊石器時代有明顯落差，所以文化的主人是新的外來者，一般看法就是大陸南方沿海一帶的古老南島語人。

台灣大坌坑文化的特色在於農業的經營，前章已經提到這種新的產食革命的發生緣由。現在再環視我們周邊各海島的農業，起始年代皆晚於台灣有 2,000 年以上，不禁令人再度肯定農業對本島的意義。

至於其他新石器文化要素，如台灣的陶器與磨製石器皆出現在

距今 6,000 年前，這和日本、琉球各有不同落差[46]。

相較於舊石器東亞各海島的一致性，新石器可言錯綜複雜，究其原因得從古代大陸與海島間的互動與傳播找答案。

（三）金屬器時代[47]

金屬物的發明對世界帶來至大的影響。在東亞大陸，中國的青銅器與文明幾乎可以劃上等號，稍後出現的鐵器雖然不若青銅器般具強烈的象徵意義，卻在社會各階層造成更全面性的實質衝擊，影響並擴及至周邊地方。

日本的金屬器時代出現在距今約 2,400 年前，有不少證據說明這個新時代的發生主要源自大陸北方文化與人群的移入，隨後的日本列島便在這個新脈絡的加入下發展跨入國家時期。考古學界稱前面階段為彌生時代；後面階段為古墳時代。

台灣島上多數的海岸平原在距今約 2,000 年前邁入鐵器時代，觀察遺址出土的鐵器，早期的數量不多，且內容侷限於少數幾個種類。不過，鐵質物件除了本身可為器物外，藉著它的特有性能（堅硬、可塑性）[48]還可製成各種工具，極有效率地加工製造、生產他類器物（如木器、骨角器），不難想見這種新材質對社會帶來的衝擊（圖 5-2）。著名代表例如中國春秋戰國時期的動盪，其和鐵器的出現直接有關。此

圖 5-2　新時代的鐵製品（淇武蘭遺址）

---

[46] 日本的陶器約 15,000 年前、磨製石器數萬年前；琉球的陶器與磨製石器都在約 6,000 年前以後，但近年有年代更古老的新資料待證實。
[47] 某些古代社會之青銅器有顯著意義，故有稱「青銅器時代」，如中國；某些地區僅鐵器有具體社會作用，故稱「鐵器時代」，如台灣。統稱時可使用「金屬器時代」。
[48] 陶器的特性是具可塑性，石器特性是堅硬，而鐵器正好同時具備兩者優點。

外，類似的文化大變革也見於琉球列島，年代約在距今 1,000 年前以後，亦是和鐵器的進一步利用不無相關。

東亞海島之金屬器的出現具有何種意義，對於社會造成何種改變？後文將透過考古資料的比較分析說明。

三、東亞三個史前時代的台灣

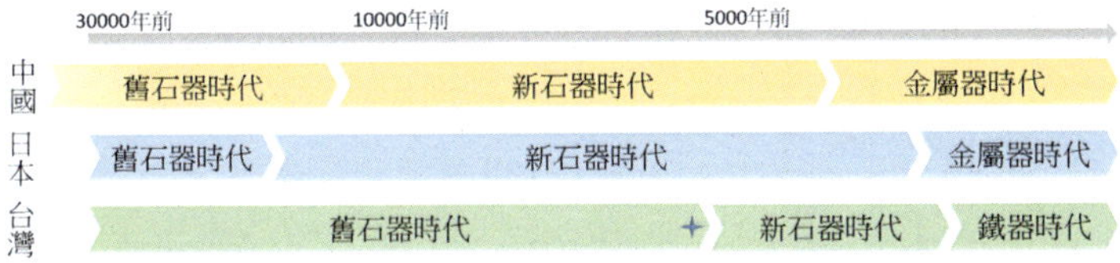

	30000年前	10000年前	5000年前	
中國	舊石器時代	新石器時代		金屬器時代
日本	舊石器時代	新石器時代		金屬器時代
台灣	舊石器時代		新石器時代	鐵器時代

圖5-3　東亞大陸與海島的史前時代（台灣的舊石器延續到很晚是極特別之處）

（一）舊石器時代

相對於大陸地區的古老年代，東側海島的舊石器開始年代便顯得晚了許多。值得注意的是日本、琉球與台灣的現有考古資料都顯示約在 3 萬多年以內，這種共同性不會是偶然造成，而是具有某種同樣歷史或法則的結果。

一個考慮方向是地質史。因更新世時期的氣候變化造成數次的冰河時期，每當海水下降至某一高度，若干露出的陸地便成為連接海島與大陸間的橋樑，陸上動物與人類藉此陸橋到達今日的海島地區。過去研究曾指出冰河時期的東亞至少在南、北兩側各自形成串聯大陸與海島的通道，其中的南側一路從大陸東南經過台灣到達琉球列島的中、南部島嶼，隔著較深的吐噶喇海峽和列島的中部、北部島嶼相望（安里嗣淳等 1998：28）。

然而另有研究者認為縱使海水下降，台灣、琉球各島嶼之間仍然是海水相隔（海部陽介 2016）。這也讓我們確信遠在 3 萬年以前，這個地域的人們必已具備航海的能力。對於他們而言，陸橋的意義

相對減小，廣闊的海洋都是四通八達的通道。

　　如器物證據方面，亞洲東部及南部自舊石器時代以來即盛行砍伐器的技術傳統（chopper-chopping tool tradition），顯示本區一種非常深遠的同質文化系統[49]。台灣發現的多數舊石器遺物都適用於這個概念，即可使用東亞大陸與海島間古老的共同底層關係予以認識。

　　接著，我們還可在這個底層基礎上觀察發現區域差異。台灣的舊石器除了以偏鋒砍器、石片器為主，另外就是常見的不定形小石器。此類多選用石英質材料，以粗糙的槌擊法製成，故形狀不定，目的是選用其破裂形成的尖端或刃面。不定形小石器常見於東南亞一帶，可視為南方型石器的一種指標，以此對比於東亞北方所見。

　　據加藤晋平（1986）對日本舊石器時代的分期，2～3.2萬年前為較粗雜的石器及斧形石器、礫石器等，1.3～2萬年為石刃石器群、刀形石器、尖頭器、雕器、刮器等，1.2萬～1.3萬年前為細石刃石器（佐々木高明 1991：43）。仔細觀察這份清單，部分是屬於傳統的偏鋒砍器—石片器技術，如礫石器；另一部分則屬當地特徵，如刃部帶磨的斧形石器、刀形石器與細石刃石器等，這類石器的傳統與年代多數都可以對應到大陸北方或西伯利亞等地，和南方涇渭分明，故南、北的海島文化可視為大陸最早展開之平行傳播的結果。

　　從整體之角度，台灣舊石器最特殊之處恐怕不在於年代的起始，而是結束。台灣的舊石器持續到很晚，達距今約5,000餘年前，幾乎所有重要的遺址如八仙洞遺址、小馬海蝕洞遺址、小馬龍洞遺址、龍坑遺址、鵝鑾鼻第二遺址都有同樣現象，暗示著某種發展遲緩、

---

[49] 這個主流看法也曾因若干新發現而遭質疑，例如在中國山西的丁村遺址就曾採集到類似兩面手斧（王建 1986：94），而位於韓國漢城北方的全谷里遺址更出土大量的兩面型手斧（金元龍著，西谷正譯 1984），這些都不屬於砍伐器傳統，反而較近於歐、非一帶的發現。不過在統計上砍伐器傳統仍然具有顯著意義。

停滯的狀況。這個年代在台灣很多地區都已經進入新石器時代,所以若干研究者稱之為「先陶文化」,表示其實可以以新石器文化看待,只不過「尚無陶器」;也有稱之為「舊石器時代晚期持續型文化」,代表一種本質還是舊石器文化,只不過年代上已經延長至全新世。在台灣(至少東岸)這是一個非常普遍的現象,然而對於東亞卻極為「異常」,完全未見於其他地區。目前除了用「封閉」、「隔絕」來形容這種現象外,尚無其他適當的理由可以解釋。

總之,對於東亞舊石器的大陸—海島關係,有以下兩點結論:

1. 東亞古文化有個共同的底層,偏鋒砍器—石片器技術是其典型表現。在這個基礎上又可略分成南、北兩區域,南方舊石器圈的特有代表便是不定形小石器。由此我們便能將台灣舊石器定位,理解為古老東亞大陸(含東南亞)對鄰近海島的個別傳播結果(圖 5-4)。

圖 5-4 舊石器時代大陸對海島的雙向傳播

2. 台灣島雖屬南方舊石器文化圈,然而相較下卻偏向孤立,顯現出一種封閉性的本質特徵。目前對其原因完全不明,也許和地理、自然環境、海流有關!

一個歷史圖像的想像是:從三萬多年前以來,活動於東亞南方海域的人群在「偶然間」來到了台灣島,此後長久占居於各處臨海洞穴,幾乎與外隔絕,獨自仰賴著當地環境資源而生存,維持著早期的生活方式。

（二）新石器時代

農業與陶器都是新石器時代的重要元素，也是新生活形態的階段指標。

農業被視為一種新時代的革命，其發明可能有多種形式，多半不外乎是人類在漫長的食物採集過程中發展出對植物的深切體認，到了更新世進入全新世之際，因為氣候變化導致環境植物的快速更替，在這個過程中人類得以將長久累積下的知識與經驗實現，終於形成產業技術的全面變革。

在東亞的史前農業研究中，一個非常熱門的討論是農業發生於何時何地？最早的農業又為何種形態？據現有考古資料，大陸方面的早期農業約略可分成以黃河流域為主的北方，及以長江中下游地區為主的南方，除此尚有以根莖作物為主的更南方一帶。專以穀類作物而言，北方以小米、小麥為主，南方則以稻米居多。例如距今約 7～8,000 年前的中國河北省磁山遺址出土了大量的小米，據估計總量達 10 萬斤以上，無疑已是一個相當發達的農業體系（佟偉華 1984）。南方如江西的仙人洞與吊桶環發現了類似稻米的遺留，年代推估距今有 9,000～1 萬年前，湖南的玉蟾岩發現大量稻穀，年代為距今 1 萬年前。湖南境內屬彭頭山文化的遺址與河南的賈湖遺址年代也將近 9,000 年前。清晰的水稻田證據則發現在長江下游的草鞋山與綽墩山等馬家濱文化的遺址，年代為 6,000 年前（丁金龍 2004）。

因為小米、小麥和稻米都是屬於較複雜的穀類農耕作物，是植物利用方式發展到某一程度後的產物，所以在這之前可能存在著某種較初級的農業階段，例如根莖作物栽培或是園藝式小規模栽培等，因此理論上不能排除上述地區或有比穀類作物時代更早的農業。

在海島方面，日本與台灣呈現某種有意義的對比。日本島民長

期以來都是過著採集與漁獵的生活方式，直到距今約 4,000 年以後才有些簡單農業萌生，但仍未造就「生活革命」。到了距今 2,400 年前才由大陸直接引進水稻栽培，始進入另一個新的時代。

台灣的農業發生完全是另一種形態，如前章所述，乃是由外來人群（南島語人）結合生態環境的文化傳播（照葉樹林帶）所創造。

比較日本與台灣，一個顯著的大問題是：新石器時代的東亞大陸地區之南、北兩地皆有普遍的穀類農業，然而北方卻沒有引入農業於日本；而南方則清楚地傳入了台灣（至少「石刀」的有無就是一個指標）。對於此點差異，未來將很值得深入研究，目前我們可以先試著從人群與環境的關係開始討論，以下的陶器現象便透露出一些訊息：

日本的陶器出現得非常古老，近來不少新的調查資料指出最古老陶器年代或可達距今 1.6 萬年前。歷來明確的證據如長崎縣福井洞穴中的隆線紋（附加條紋）陶片與細石核、石瓣同層出土，木炭所做的 C14 年代為 12,700 ± 500 B.P. 與 12,400 ± 350 B.P.；附近的泉福寺洞穴中發現的豆粒紋陶片年代可能亦相近（佐々木高明 1991）。一連串資料證實了日本陶器的古老性及獨立發生的可能。日本在有了陶器之後步入所謂的「繩紋時代」，此時陶器的器形與紋飾皆極繁複（圖 5-5），完全看不出與東亞大陸有何關聯。

圖 5-5　日本獨有的繩文時代陶器（示意圖）

台灣最早的陶器約出現在距今 6,000 年前，一個主流說法是：「長濱文化（舊石器）在東海岸一直持續到距今 5,000 年前，忽然消失，而且與以後發現於台灣全島的史前文化之間，找不出可以聯繫的關

係。也就是說本島的新石器時代，……是冰期結束，台灣成為海島後，經由海上傳進來的新階段的文化」（宋文薰 1980：113）。所以，我們必須向外找尋人群的來源。而如澎湖的菓葉 A 遺址出土與大坌坑文化類似的陶器（臧振華 1989）則指引出這個文化的來源方向和海峽西側的大陸有關。再審視、比較了中國南方的資料，便更能確定多數移民應是來自大陸南方沿海（陳有貝 1999）。

上述旨在闡述日本的新石器時代（繩文時代）乃是一個長期同質性的生活形態，即使在 4,000 年前有了若干基礎農業，文化上仍只是前一個階段的延伸，即前述「並未造成生活革命」[50]。台灣島最大的不同則是歷經了新的人群與新環境的挑戰，這是新形態農業發生的基礎。由此讓我們更篤定看待史前台灣的南島語移民、照葉樹林環境傳播（圖 5-6）與多樣的山林的特殊性與影響力。

圖 5-6　新石器時代大陸對海島的生業傳播

（三）金屬器時代

台灣的鐵器時代約始於距今 2,000 年前的海岸平原，考古研究上有如北部的十三行文化、中部的番仔園文化、西南部的蔦松文化與東部的阿美文化（或稱靜浦文化）等。在屬於這類性質的遺址中常常可以發現有鐵器的遺留（圖 5-7），基本上雖種類與數量有限，但

---

[50] 日本的繩文時代是靠著採集環境中大量的樹林堅果類食物，以獲得充分的澱粉資源。

其具體效益對生活與社會面皆帶來廣泛的影響。

對於台灣的鐵器來源，以前多憑著台灣原住民從來都無製造鐵器的文獻紀錄，再加上出現鐵器的遺址中常常也含有不少外來的器物，據此大約地推想台灣的鐵器應該也是外來，尤其是出自與大陸沿海地區的貿易交換。到了1990年代之後，才逐漸有少數遺址被發現當時可能有製造金屬器的能力，最有名者如八里十三行遺址或台東海邊的舊香蘭遺址。但是如果從整體的時間、空間與器物種類看來，仍是和大陸東南沿海一帶的鐵器較近（陳有貝1997）。即無論台灣鐵器的發生機制如何，它的出現仍然是符合整體區域現象中的一隅。

圖 5-7　鐵器時代遺址的墓葬伴隨鐵器出土

至於台灣鐵器時代的人群問題，東亞其他海島的資料便頗值得參考。日本列島的金屬器發生在「彌生時代」，最早約距今 2,400 年前，金屬器中先是有鐵器出現於九州地區，接著才出現青銅器，這種先鐵後銅的現象不太符合自我發明的一般程序[51]。從地理位置觀之，日本的九州地區經朝鮮半島與大陸連成一體，而朝鮮半島的金屬器也正好出現於大陸與日本兩地的年代中間。況且早期日本出土的金屬器基本上就是來自大陸或朝鮮的製造品，日後的自製品也常模仿大陸或朝鮮的器物外形，所以日本早期金屬器無疑是直接承自大陸（包括朝鮮半島）文化。

與金屬器同時出現的尚有水稻耕作的引入。水稻的意義是農業

---

[51] 就製造技術而言，銅的熔點比鐵低，故一般先有銅器再有鐵器。

技術的革新,也代表新一代的社會組織結構,它的出現深一層表示移民的可能性。

除文化面向外,更重要的是根據人骨的體質研究顯示:金屬器時代的日本人群(彌生人)特徵和亞洲大陸北方人種類似,反而和日本本土早期的繩紋人有別。這就直接說明了約在距今 2,400 年前,日本列島上進來了一批東亞大陸的移民,他們帶著青銅器、鐵器、水稻及各種大陸原有文化,或經過朝鮮半島,先登陸日本九州,再擴散到日本各地。

至於此一波大規模移民的原因,最直接又合理的解釋便是來自於東亞大陸內部局勢的動盪。當時正值春秋戰國時期,社會變動劇烈,因戰亂造成大量的人群移動,而社會形態仍較簡單的日本島嶼便是一個遠離大陸的海島避亂地。日本社會上現在仍流傳著中國秦代徐福來日的傳說,基本上這不是一個被認定的史實事件,但無疑是對當時文化現象的一種反映。

日本的資料對於台灣鐵器時代的出現非常具有比較參考的意義,例如兩個時代大變革都發生在類似的時間點,而且所發生的新文化都明確包含了大陸要素。表示這乃是東亞當時的一種較全面性的普同事件。

台灣方面亦早有提出:因為戰國、秦漢時期的動亂造成史前人群遷徙來台的說法(黃士強 1985),此與日本彌生時代的出現認識可互為佐證,提高不少可信度[52]。此外,早期研究者多提到中國西南少數民族和台灣原住民有若干類似性,並將之導引至兩地人群擁有親緣關係的結論。對此,現在也可利用上述同一個架構予以認識,

---

[52] 雖然仍有差別存在,如日本是由新的族群(彌生人)帶入新文化,對於前人群(繩紋人)是種異質性的改變;台灣則仍是由南島語人帶入新文化,就台灣先住民而言,人群是同質性。

即是因為同一時期受到中國局勢影響，導致在不同地區平行發展出具有類似要素的結果。總之，因為中國本土的社會動亂，或是從封建制度進入統一國家後對周邊地區產生的衝擊，都引發了區域人群外擴的現象，因他們多帶著「受到漢文化影響的特徵」所以才外顯出類似性（而非親緣關係）。現在多以 2,000 年前的「漢」或「漢人」代稱中國核心區域的人與文化，回想當時這股強大的撼動力，亦是有其道理（圖 5-8）。

圖 5-8　金屬器時代大陸對海島的平行傳播

四、結論

　　作為東亞世界一員，台灣無法避免來自島外的影響，本章採巨觀比較大陸與海島的關係，藉以認識史前台灣文化的基底組成。

　　從東亞看台灣，在舊石器時代，顯然由地理位置決定了最早的人群與文化的，陸地、海洋或當時的陸橋都是可能的重要因子，台灣也理所當然地扮演東亞南方海島應有的角色。新石器時代的台灣除了承自東亞南方沿海的人群，主要還結合特有生態文化，引導它最早走向與其他海島不同的農業道路。到了鐵器時代，因大陸內部的社會狀態，再度促成有著新（漢）文化的沿海人群進入島嶼區，帶來又一次的社會變革。

　　第一個時代是藉地理上的相對位置開啟海島的人類歷史；第二個時代是以生業為導向，在自然環境的基礎下促成人群加速適應與挑戰；第三個時代則憑藉新的知識與技術建立海島新社會（圖 5-9）。

```
舊石器時代      新石器時代      鐵器時代
地理因素        生業因素        人文社會因素
```

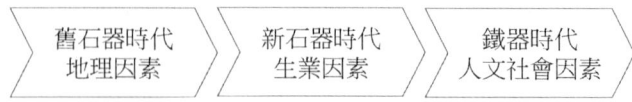

圖 5-9　促成東亞海島三個時代的普遍因素

　　歷史的發展除了立基於本土的不斷創新，更不能缺乏來自外界如波潮般的刺激動力，看來台灣史前時代線上的三個指標（舊石器時代、新石器時代、鐵器時代）均是如此！

第六章
台灣島的鄰居——琉球

前章討論了東亞的大陸、海島關係，本章將焦點轉至位於台、日之間的琉球列島。現實上台灣與琉球是如此鄰近，然而兩地的歷史過程卻有不少差異，藉由這類比較將能進一步突顯台灣的特性。

一、台灣的鄰居——琉球列島

琉球列島指的是從日本九州南端到台灣東北方的一連串島嶼，列島的南北全長約 1,200 公里，大小島嶼共約 200 餘座，在日本一般也稱之為南西諸島或南島等。琉球列島在今日行政上雖為日本國土，然因地理位置的關係，從史前到近代，它的文化面貌始終與中國、韓國與台灣呈現著某種關聯性。

一般可將整個琉球列島分成以薩南諸島為中心的北部地區、奄美大島與沖繩本島為中心的中部地區，及以宮古、八重山為主的南部地區等三個文化圈（圖 6-1）。由於各地（島）所發現的考古資料

圖 6-1　琉球列島的三個地理文化圈

對此多有相互對應,所以這種區分方式也成為認識琉球史前文化的一個基礎法則。

年代上溯到距今 1,000 萬年以前,地質上的琉球列島不僅各島彼此相連,而且也曾和大陸東岸的陸地連為一體(形狀當然與今日不同),故一些陸上動物可以藉此往來各地,不過這時候人類尚未形成,自然也沒有古人類出現於琉球列島。到了更新世以後,各個海島隨著海水低降,有時陸地相近,使得部分動物可以往來,人類也開始出現在這個階段的晚期。

全新世時期,海水面上升,琉球列島逐漸分離成今日的模樣,此後先在北琉球與中琉球出現了「類新石器時代文化」。這個文化雖然有陶器,卻沒有農耕,和一般定義所稱新石器時代文化的定義不完全等同[53]。日本考古學界則稱這個時期為貝塚時代,再從中分出前期與後期。前期自距今約 6～7,000 年前到紀元前 3 世紀左右,後期約在紀元前 3 世紀到紀元後 11 世紀。

12 世紀左右,琉球各地突然出現了眾多的城,史上稱「城」(グスク)時代,城的出現幾乎就是預告著戰爭與國家制度的來臨了(圖 6-2)。到了 15 世紀,琉球王朝成立,並踏入歷史時期。以上為一般對琉球歷史的簡要認識[54]。

圖 6-2 城(グスク)的出現有特殊意義

---

[53] 新石器時代的基本定義是:陶器製作、石器的磨製技術、農業活動,及年代在 1 萬年前以後。

[54] 須注意上述只是整個列島中的北琉球與中琉球的情形,而非適用所有的琉球島嶼,尤其南琉球有獨自的發展歷程。因南琉球與台灣的問題更密切,故另於下章討論。

在自然條件方面,雖然地理位置與台灣接近,實地生態卻不盡相同,琉球是一個充滿珊瑚礁地形的世界(圖6-3),各島面積較小,山地亦有限;台灣島的面積大,有很多丘陵及高山,但卻少珊瑚礁地形(主要集中在南端),亦不似琉球有眾

圖 6-3　琉球列島有著眾多珊瑚礁地形

多周邊島嶼與曲折的海岸。生態條件對於人類生活方式(文化)必然具有不小影響,這點是思考台灣與琉球之人文異同時的重要參考。

二、琉球列島的史前時代與台灣

琉球列島因擁有廣大的珊瑚礁石灰岩地形,容易保留下古代各種有機質材,所以成為日本發現舊石器化石人骨最密集的地方。目前為止,琉球各地出土更新世時代化石人骨已超出 10 多處地點,年代集中在距今 1～3 萬年前。

在各個舊石器的發現中尤以沖繩本島的港川人最完整與重要,過去不少研究都是根據此批資料而來。如早期指出港川人和中國廣西的柳江人相近,故推測港川人應來自東亞大陸南方,此後持續在島嶼區域演化,或和從日本本土南下的新石器時代人混血,成為今日琉球人的祖先(埴原和郎 1995;鈴木尚 1983:215-226)。但後來新研究卻指出港川人最後可能走向滅絕,而後來的琉球人是由日本本土南下的新石器時代人所演化而來(高宮広土 1994;馬場悠男 2000)。

這樣的新結論有點類似台灣的情形,同樣是舊石器時代人最終

走向滅亡，由新一批的移民人群創造出下一個新石器時代階段，而且發生年代皆是在距今 6,000 多年前。

對於新石器時代的琉球[55]，高宮広衛（1994：25-36）曾從文化傳播的角度提出一個系統性的觀點。他以考古出土的證據為例指出：琉球最初是從北方開始受到了日本九州地方陶器的影響，隨後產生各個地域化的現象，三個文化圈便逐漸成形。這個過程表面上也和台灣類似，即島內加上島外的影響使得本土文化逐步形成，不過要注意的內容差異點是前述琉球的新石器是不含農業，而台灣卻有發達的農業。

琉球的新石器時代在距今約 1,000 年前結束，隨即出現了金屬、農業，並快步邁向國家制度。如果和台灣比較，可以特別看到這時期的琉球有著巨大的變動，在數百年間便從簡單社會一躍成為複雜的王國體制（圖 6-4）；台灣同樣地受到異文化的影響，然而這種改變力道似乎相對顯得間接而微弱。

圖 6-4　首里城是成立於 15 世紀之琉球王朝的都城

我們若以「文化接受的封閉與開放」的量尺來比較台灣與琉球的各個史前階段，新石器時代的台灣顯然較「開放」，接收較多外來影響；然而本來較「封閉」的琉球卻在距今約 1,000 年前「開放」，其結果造成了莫大的變動。換句話說，台灣基本上有著開放的背景，但是相對有著長期穩固的生活核心，至近代歷久而未變。

---

[55] 為簡化陳述，本文暫稱為「新石器時代」，琉球考古學一般慣稱為貝塚時代前期與貝塚時代後期。

三、台灣與琉球的迥異文化圈：貝器與玉器

如上所述，台灣與琉球有著不同的環境條件，也長期接受來自不同地域的人群與文化的影響。就結果而言，最能說明呈現這兩地文化差異者莫過於貝器與玉器，這類物品的意義在於是物資、器物、貿易物，同時也是流行、象徵意識所在，兩種極有特色的文化圈幾乎互斥存在於兩地。

（一）貝器

擁有珊瑚礁地形使得琉球人偏好利用豐富的海洋資源，甚至可能延緩了它的農業出現[56]。在長久的海洋生業經驗中，琉球人發現海中的貝類除了可供食用外，堅硬的外殼亦可當成各種器物的材質，於是在缺乏石材的琉球地區，貝殼被廣泛地加工製成各種貝器，成為最重要的環境資源之一（圖6-5）。

琉球各地遺址出土貝殼的情形非常普遍，各種貝殼被加工做成箭頭、網

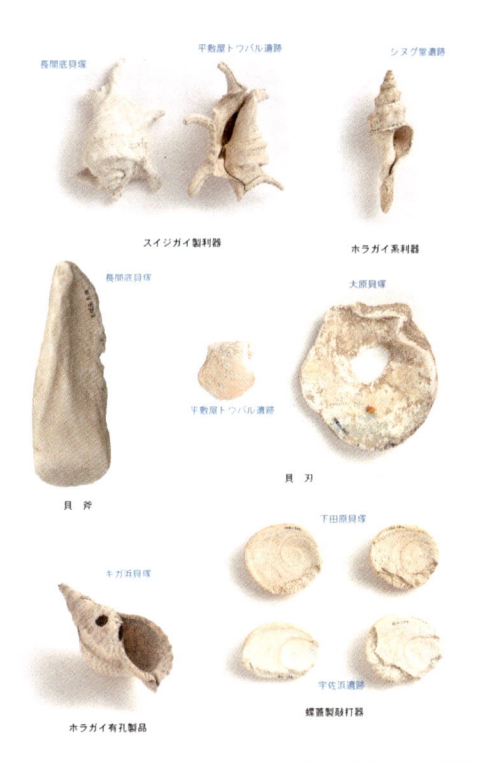

圖 6-5 琉球出土的各種貝器（沖繩縣立埋藏文化財中心提供）

---

[56] 琉球人很早便和有農業技術的九州人開始接觸，理應在當時就可引入農業。

墜、碗、匙、杓、斧、墜、符、珠、環、魚鉤、尖器、打擊器等，應用的種類極為多樣（安里嗣淳 2006）。其中貝質的裝飾品更是富有特色，有些雕製精美，除了美感外，可能還有著象徵上的涵意，例如所謂的貝符，表面刻畫者特定風格的圖樣，在傳統的文化脈絡裡必定有其意義。

　　貝殼對於當地還存在著另外一種意義，便是貿易。九州人在和琉球的接觸中，受到外表雪白光潔又有著奇妙紋路的貝殼物所吸引，於是琉球人到海中採集貝殼，集中加工（部分為粗胚或半成品），再透過某些特定的人、時期與地點和本土人接觸交易，並製成各種本土人所喜愛的裝飾品與威望物等（木下尚子 1996）。當時這種活動一定非常具有魅力，理由是很多貿易輸出品都是以大型貝殼為材料，此類貝殼有不少都採自南方較深較危險的海域，而琉球人甘冒著生命危險及付出大量勞力前往採集，一定是和本土人交換輸入的物資有等價的重要性或必要性。這種關係顯得愈來愈趨緊密，如本來質地較為脆弱的夜光螺並不在交易的清單中，但後來隨著新製品的認識與流行，也變成了重要的交易物資，影響所及甚至包括日後的琉球王國。

　　歸納貝器能在琉球蔚為風潮，主要有以下幾點原因：

　　第一是貝殼有美麗的外表、特殊的質地，所以被製成生活器物、裝飾品及象徵物。

　　第二是琉球列島是眾多貝殼的出產地，有源源不絕的資源產出才能維持長期的盛況。

　　第三個原因是貝器成為一種貿易的交換商品，特別是當貿易的對象缺乏同樣的物資時，更是這種產品價值的保證。

　　在貝殼貿易的模式中，雙方對彼此文化產生更多的認識及影響，於是形成共通的流行意識，甚至可能產生實際的依存關係。由長期

以來累積的歷史經驗必定也深入至琉球人主觀的（方向）地理意識，導引著後續的行為。

和琉球同樣是四周環海的台灣島也有著貝類資源，其中島嶼南端的恆春半島乃以珊瑚礁環境著稱，蘊育著各種貝類生長。史前時代以來的遺址常夾雜著貝塚出現，如墾丁、鵝鑾鼻一帶的遺址地層中幾乎都埋藏有極大量的食用貝殼，說明古代人大量採食貝類的狀況（圖6-6），這是目前所知台灣利用貝類最頻繁的地區。

圖 6-6　鵝鑾鼻遺址發掘地層裡埋藏著大量貝殼

其次是新石器時代早期的南關里與南關里東遺址曾出土一批貝器，內容有各種貝製的裝飾品，及罕見的貝刀等用具（臧振華、李匡悌 2013；臧振華等 2006），證明早期人們的海洋活動。

然而除上述地區外，大部分對貝類皆以食用為目的，進一步再利用貝殼製作器物這點似乎沒有引起台灣人太大的興趣。根據 2000 年初統計的資料（連照美 2002），台灣（含外島）出土貝器的遺址僅有 49 處，而且大部分都只出土 1 種貝器或僅是簡單的貝刮器，出土兩種以上者只有 10 處，多集中在台灣南端地區，尤以墾丁遺址與鵝鑾鼻遺址才稍見數量。就種類而言，以貝刮器為最多最普遍，其次是貝珠、貝環及貝核等，基本上都是形式簡單的裝飾品，和琉球的貝業盛況不可同日而語。

整體而言（除了南端墾丁一帶，見後述），台灣有著貝殼資源，卻無意積極加以利用。從主觀與客觀兩個角度都可以理出一些答案：首先是島內的生態取向，除了特定少數的珊瑚礁區域外，台灣基本

上是個偏重山林之島，海域資源相對不足，這點可視為客觀因素。至於主觀因素便是長期累積下的文化偏好所造成，台灣和琉球各有各自的史前發展脈絡，互處於不同的文化流行區域，因此對琉球極具價值的貝器在台灣反而不具意義。對此還可舉出不少例子予以佐證。

第一個例證如貝珠，這是利用貝殼做成中間帶有一孔的珠子形器物，體積相當小，通常以線繩貫穿成串使用。對貝珠有深入研究的木下尚子（1999）分析其質材與製作技術後得到一個結論，認為琉球中、北部的貝珠是來自大陸長江下游一帶的傳播，而台灣的貝珠則是來自大陸東南沿海，顯示即使是同樣的貝珠器物，台灣仍和琉球分屬不同技術脈絡（圖6-7）。

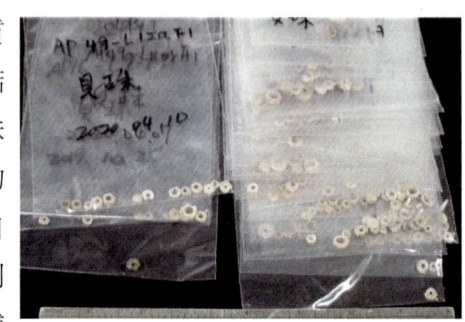

圖 6-7　台灣的貝珠（鵝鑾鼻遺址的新出土，邱鴻霖發掘中）

另一個研究是貝環。各種手環是人類普同常見的裝飾物，在台灣與琉球都不少見。然而台灣對手環的重視度低，琉球手環的價值高，兩者絕對難以相提並論。在台灣新石器時代的手環裝飾品中，除了有貝製，尚有陶質、石質、玉質、骨質等材質，有些製作與形制粗糙簡略，是屬於一種等級較低的單純裝飾物（圖6-8）。在琉球則有製成精美的貝環，外表與形制都有一定意義，是高檔的裝飾物、威望物與交易品。

又如琉球很具代表性的「貝斧」，這是以硨磲貝做成的斧狀器物，有看法主張是用來刨木造舟的工具。目前除了琉球有不少出土外，於菲律賓的呂宋島亦見有同型品。但訝異的是位於琉球、菲律賓之間的台灣卻從來未見（圖6-9）。

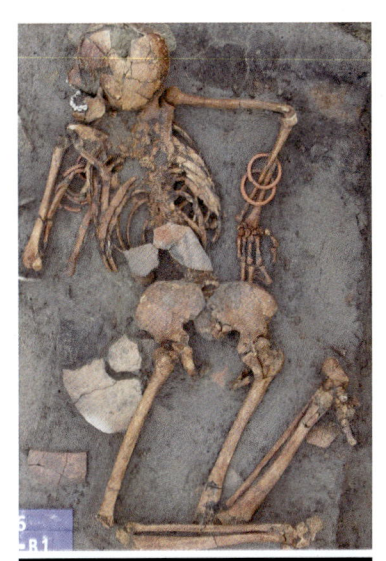

圖 6-8 台灣的陶環（上）與石環（下，葉長庚提供）

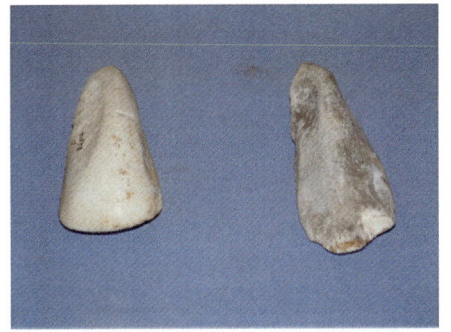

圖 6-9 可能是造船用的貝斧（上：琉球八重山博物館；下：菲律賓國家博物館）

總之，琉球列島所風行的「貝文化」風潮並未波及台灣，貝殼在台灣只是極為普通素材，製成品多無特殊深意，可以說有貝器，但無貝文化圈。

惟也不能不提的是：近年在鵝鑾鼻再度進行發掘時終於出土了大量的貝器，其中出現不少呈現環狀截取技術的貝核，另也有貝錛的製作，顯示台灣南端也曾有著興盛一時的貝工業發展（圖 6-10）。就極初步的觀察，一種看法是如環狀截取與貝錛的製作技術和台灣玉器工藝類似，即基本上仍納入本土的文化脈絡。另一種可能是根據舊石器時代以來的現象顯示（參考第二章），從台灣東部至南端

圖 6-10　鵝鑾鼻遺址的貝器新發現（邱鴻霖提供，發掘中）

多有外來漁業人群活動，因此常可看到若干「異文化」，上述的貝器工業是否屬其一？這個新發現未來會不會改變台灣與琉球的關係說法，很值得加以密切注意。

（二）玉器

　　引領台灣新石器時代流行風潮的是玉製器物。玉質礦石的表裡相透，質地利於切割與琢磨，自古代以來便常被加工做成各種裝飾品，甚是具有象徵性，能表現精神層次意義的玉器。於東亞地區大致以中國東北（如興隆窪文化）有最早的具體運用，隨後分布漸廣，約在距今 5,000 年前的長江下游良渚文化中，玉器的製造與使用皆達至高峰，一方面呈現精緻美感，不少還附含著象徵意義。

　　台灣從大坌坑文化時期便有少數玉器出現，早期應是看重於質材特性，常被應用在實用物的製造，如木材加工具的玉錛是最頻見的種類，或是磨製成尖銳的箭頭等。後來或許是基於對玉之質地的喜好，於是有了各種裝飾品的製造，最流行的年代約在距今 4,500～2,000 年間（圖 6-11）。有研究者認為：對於台灣的玉器流行很難視為沒有受到中國玉器的影響，但實際在兩個地域傳統之間的玉器關係仍有許多待釐清的問題（尹意智 2019；陳仲玉 1998）。無論如

何,東亞大陸與海島台灣整個地區共同流行著玉質器物是事實,「有無受到影響」之爭也許只是形式與規模的差別。

台灣的史前玉器多出土在東部地區,這當然和出產玉礦的地點有關,目前所知花蓮縣的豐田礦場幾乎是史前台灣唯一的玉礦產地,無論根據玉材質地的分析,或是豐田附近遺址的出土現象[57],都對這處玉礦場的地位確認無疑。

至於新石器時代出土玉器最著名者莫過於所謂的卑南文化,這裡的玉器部分出土在文化層(代表日常生活的使用),更大量見於墓葬內,當成具有象徵意義的陪葬品。而且有些製品僅見於陪葬專用,本身也沒有消耗或使用痕跡,更突顯它獨屬的精神意涵(圖6-12)。到了鐵器時代以後,玉器突然不再盛行,這時期的遺址中常見的裝飾品多是以玻璃為材質,後來亦有金屬、瑪瑙等,基本上又是另一種流行風潮的盛行。

無論台灣玉器的起源是否受到東亞大陸的影響,它確實在台灣風行了2,000多年以上,而且所見玉器幾乎都是源於台灣自產,不是外來輸入,完全可以視作本地的流行文化!

圖6-11 史前台灣的各種玉器

圖6-12 卑南文化豐富的玉器陪葬模式(老番社遺址,黃士強提供)

---

[57] 如坪林遺址出土眾多玉器的成品、半成品,及加工過程中產生的廢材,說明這裡曾經是一處古代的玉器製作場。

正如貝器可以在琉球流行一般，玉器之能成為新石器台灣最愛好的物品，也有它的原因：

　　第一是玉器的特有質地與美麗外觀，既可被加工製成各種實用器，也是選做裝飾品的好素材，當然一部分還可能轉化成含有象徵意義的器品。

　　第二是台灣有玉礦，史前時期的玉器幾乎都以採自花蓮豐田一帶的玉材製成，足以供應這個產業持續不斷。

　　第三是台灣的玉器除出現在花東一帶，其他各地亦時有發現，這極可能是透過交換貿易的結果。由此說明玉器具有某種價值、意義，足以當成貿易交換的有價品。

（三）貝器與玉器的文化圈

　　上面提到的三點玉器的特性其實和貝器雷同，玉器在台灣的角色幾乎就等於貝器之於琉球。它們既是美麗的裝飾、精神象徵物，還是有價的可交換品，可以自製也可外銷，兩者在各方面幾乎都具有相等同的性質。而兩者的分布區域互斥，幾乎沒有交集，明白分成兩個截然不同的文化圈，也對各自的社會產生意義。

　　所謂「意義」是指：在貝器文化圈，琉球人從與日本本土人的交易過程中一方面獲取實質的利益，另方面也藉著這個交流模式，對來自北方的文化產生較多的認識，從而形成朝北方活動的心理意識。換言之，因長期的歷史經驗與實際的依存關係累積成琉球人對地理方位的主觀看法（如北方才是源源不絕的文化與資源來源），影響著「琉球文化圈」的性質。高宮広衛（1994）統合琉球列島各地文化要素，將之分為三個文化圈，這個區分的關鍵基準之一即建立在「北方文化要素之出現年代與多寡」。木下尚子（2012）則一一檢討環境與動機因素，指出琉球有著「向北開口的袋狀文化」

特性，即對北方世界的開放，及對南方的封閉[58]。這些主張都相當明確。

觀察台灣史前文化內容與大陸沿海的相似性，自然也可比擬成「向西開口的袋狀文化」（圖 6-13）。不過日本—琉球的貝器文化圈是基於貿易交換所形成，而台灣玉器流行的促成機制呢？此點可再從下述的玉器意義獲知一、二。

圖 6-13　對立的貝器與玉器流行圈

中國的玉器從原本的純裝飾功能至後來發展出一套對應於禮法制度的器物，例如所謂的「六器」或「六端」[59]便是這類所指，而很明顯的是無論是器物本身或禮法之影響所至皆未及台灣。新石器台灣的玉質裝飾品常見種類有玦、環、墜、珠、管、棒、鈴等，由此組成台灣自有的玉風尚流行（圖 6-14）。目前尚不清楚這類器物對於本土社會的意義，但顯然不帶有中國社會禮法的兆徵。另如古代中國的玉質物極高比例皆屬有象徵、裝飾之器，由此可知凡「玉」

---

[58] 但木下尚子（2012）亦強調中琉球自身擁有「裙礁型文化」的重要，這是指因為生活在資源盛產的珊瑚礁海域，故生活豐裕，對外保守，沒有積極必要與外界交流的動機。

[59] 《周禮》曰：「以玉作六器，以禮天地四方。以蒼璧禮天，以黃琮禮地，以青圭禮東方，以赤璋禮南方，以白琥禮西方，以玄璜禮北方。」「以玉作六端，以等邦國。王執鎮圭，公執桓圭，侯執信圭，伯執躬圭；子執穀璧，男執蒲璧。」

本身的質地對於古代中國人與社會即有精神層次意義[60]。但史前台灣的玉製品並不僅限於象徵或裝飾物，有不少如錛、箭頭等亦以玉製，顯見單其質地對台灣並無絕對的深一層意義。

總之，縱有來自東亞大陸的影響，然台灣玉器純然是本土化後的產物[61]。前面多處提到台灣從早期以來便持續受到來自對岸的影響，這些元素後來多經本土化重新表現於各個方面，對玉器或也可作如此看待。

圖 6-14　台灣的玉器裝飾想像

四、結論

同屬亞洲大陸東岸海島的台灣與琉球，在相鄰環境背景下本應有著類同的歷史步伐，然而因長期性歷史的累積，導致兩地形成不同的文化面貌。以器物現象為證，玉器與貝器最能清楚呈現其絕對差異。對於台灣而言，玉器的流行現象很微妙地一邊說明了人群長期以來對互動方向的選擇，另一則又強調台灣本土自主的特異化。

到了距今 2,000 多年前後，台灣進入鐵器時代；琉球卻在這個影響圈之外，兩地持續分屬不同世界。又到了 1,000 年前以後，這次換成琉球突然快速地進入水稻農業、金屬器，及城與國家時代，引發

---

[60] 正如近代中國人亦視玉有避邪等功能。
[61] 如「人獸形玦」就是一個典型。

了內部社會的激烈改變;相對於這時候的台灣仍然是以旱稻、小米等雜穀農業為主,長期維持部落或酋長制。琉球的現象讓我們更清楚看到台灣文化發展中一種鬆散又穩定的特質所在。

第七章
南琉球研究對台灣的啟示

前兩章分別從較大的區域視點比較檢討了東亞的大陸與海島，本章再將焦點縮小至台灣與南琉球，這個區域雖小，卻有著很特殊的人文現象。

一、來自南琉球研究的疑問

一般，琉球列島中各個島嶼間的距離並不太長，有些還可以彼此相望，唯獨在中琉球與南琉球間相距有 200 公里之遙，且還隔著水深有 1,000 公尺的宮古凹地（慶良間海裂），這種阻礙使得南、北兩側在自然生態環境上有著某程度的不同，也等於預告了人文上的差距。

南琉球又稱為先島群島（圖 7-1），主要由宮古群島與八重山群

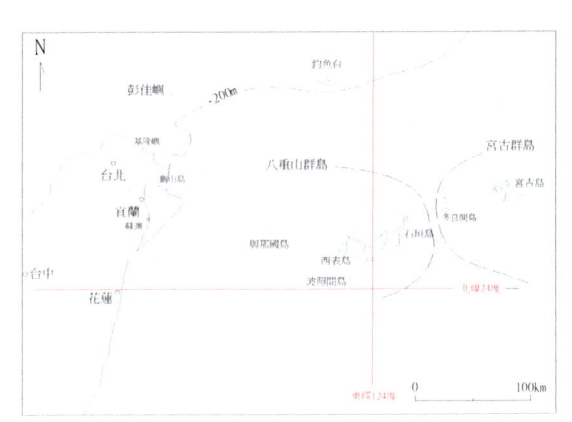

圖 7-1　南琉球與台灣島

島等大小共 40 多個島嶼組成，較大的島包括宮古島、石垣島與西表島等，其中最西端的與那國島和台灣的最近距離僅約 110 公里，有時天晴還可遠望到台灣的高山。

南琉球的考古研究最早可追溯至 19 世紀末到 20 世紀初（約和台灣考古的萌芽同時），在當時的學術潮流下，除了單純對器物的好奇外，研究上關心的題目多在泛論民族的來源等議題，尤其在這裡多少可隱約嗅到一種不屬於日本本土的「異文化」性質。

戰後，逐漸有較多的現代考古工作，如在波照間島的下田原貝塚的發掘（圖 7-2）便是最重要的成果之一（出土典型下田原式陶器，見後文）。研究者金關丈夫（1955）曾以語言、體質、民俗與考古學等各種資料推論八重山史前文化的來龍去脈[62]，他主張這個地區並未受到日本史前文化的影響，反而是和南方如蘭嶼、綠島和菲律賓較有關，這類文化以漁撈、組合式造船技術及獨自之農耕形態（掘棒耕作，根莖作物）為特色。此說後來也得到實際田野調查之成果的支持（佐々木高明 1973：86）。

圖 7-2　下田原遺址（盧柔君提供）

今日的南琉球研究將新石器時代分成前、後兩期。前期年代約在距今 4,000～3,000 年前，後期約在距今 2,500～1,100 年前。前期遺址多分布於近海石灰岩或紅土台地，主要陶器稱「下田原式」，石器以半磨製或局部磨製較扁平的小型石斧為主，另有水字螺尖器、鯊魚齒製品及其他少量之貝殼與獸骨等。後期遺址多在近海沙地，

---

[62] 南琉球又可分為西側的八重山群島及東側的宮古群島。八重山群島的考古調查較多，常以其名稱做為南端文化的代表。

有較多的貝殼、貝塚，石斧比起前期有較多的研磨面、仔細修整與大型化傾向，偶見斷面為方形的錛，另有水字螺尖器、鯊魚齒製品及硨磲蛤所製成之貝斧等，然而很特別的是竟然沒有陶器。此外還有從九州地區傳入的各種器物，如瓷器、須惠器[63]、滑石製石鍋、開元通寶等。約到了12～13世紀左右，從此進入有農耕與鐵器的時代（嵩元政秀、安里嗣淳 1993）（圖7-3）。

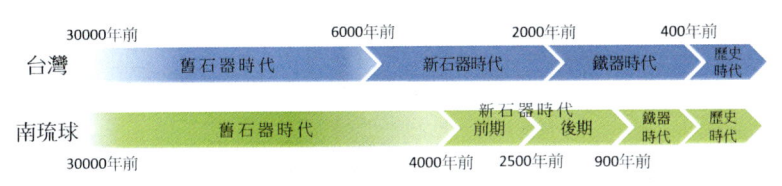

圖7-3 南琉球與台灣的史前年表比較

在琉球列島的考古研究中，有一個很重要的題目便是它和日本本土文化的關係，因地理上它是日本國境延伸的最南端，很有可能是日本古文化的起點。這類「日本民族起源」的探討一向以來都是研究者們非常感興趣的議題，過去多數的注意力都集中在朝鮮半島或東亞大陸，惟柳田國男的新學說出現才引起對南方路線的重視。柳田國男在年輕時因偶然於海岸拾獲南方飄來的椰子，從而引發對日本民族文化來源的一連串構思，終而建構了「海上之道」學說──即日本人的原鄉來自於南方島嶼。這個說法在今日雖各有贊成與反對者，但他的思想滲透層面極廣，致力於這條路線的考古研究者中有不少都受其影響。

純從學理而言，南方路線是極有可能存在，因為呈南北縱向排列的琉球各島嶼之間不但易於彼此相望，且有溫暖的「黑潮」海流貫穿其間，極有利於人類的往來。

---

[63] 日本在距今1,000多年前由朝鮮半島傳入的製陶技術，製造出質地較硬，多呈青灰色的陶器。

因為有柳田國男所引發的興趣,加上學理上的支持,研究者們遂傾心搜尋南方起源的有力證據,以構築「海上之道」。至今,確實已有若干遺物足以證明它的存在與對日本民族起源的重要性。

只是在串聯起整個路線的研究中並非沒有缺憾,其中之一便是環繞著南琉球地區而來。因為無論在自然生態與文化性質,這個區域和中、北部的琉球島嶼都有明顯的差別,因此當要找尋它的文化親緣時,便不得不將目光朝向更南方。從地理上考量,南琉球之南就是台灣,於是台灣島便成為印證此一假設的關鍵,順理成章成了南琉球史前文化最有可能的親緣關聯地(圖7-4)。

然而結果顯然是出乎意料之外,在長年的台灣考古研究中並沒有發現和南琉球類同的有力證據。更訝異的是跳過台灣,在更南方的菲律賓都發現了和南琉球同樣的貝斧(參見圖6-9),然而夾於其中的台灣卻始終無所進展。

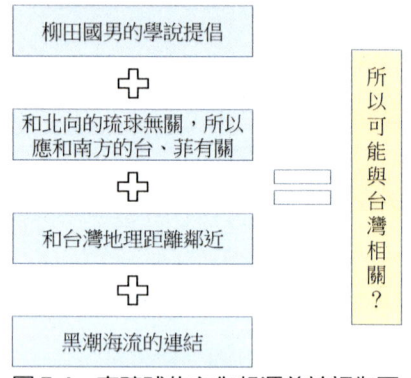

圖7-4　南琉球的文化起源曾被認為可能和台灣有關的幾個原因

另從台灣的角度看南琉球也不免有同樣的疑惑,在整個東亞島弧中,台灣是居中的一大島嶼,也是琉球列島連結至菲律賓與東南亞的要衝。琉球列島西南端的與那國島和台灣的位置鄰近,有時還可遙望,而琉球最南端的有人島——波照間島之緯度亦已接近花蓮市。百年來台灣的考古已經相當程度地確認一些考古要素也可見於大陸沿海,像這樣因地理環境的鄰近導致傳播現象的發生本來就是極為合理,但為何唯獨台灣與南琉球竟未見類似性?

二、南琉球現象的啟示

（一）「沒有交流互動」的解釋

過去曾因考古資料太少，所以對南琉球與其南方關係的看法一直是理論上的假設多於考古實物的證明，例如以地理上的鄰近關係或黑潮海流的概念假定南琉球與台灣的必然相關。而後隨著考古資料的增多出土，終於面臨實證上的挑戰。經過遺物的實質比較後，現在多數的研究者逐漸接受了史前台灣與南琉球間差異的確實存在。

為什麼在相鄰的兩地竟然自古互不往來，兩地之間似乎存在著一條無形的文化界線，古代並沒有今日國家的疆界領地限制，而海島的自然條件不僅不構成來往的阻礙，對於擅長水域航行的人群而言，海洋反而是四通八達的大道。

學術研究上，「兩地沒有交流互動關係」絕非沒有意義，反而是突顯出必有另一種特殊原因的存在。所以現在我們要做的應該是找出原因，給予合理的解釋。

對此我個人曾從生態的觀點，有如下的主張：琉球缺乏實施農業的自然環境條件，故對於當時已盛行農業的台灣史前人群而言，極度缺乏前往的吸引力，即將之歸因於「與生業活動相關的生態環境差異」所造成（陳有貝 2002b）。

前章提到致力於琉球研究的木下尚子（2012）綜合了地理與人文的角度，提出琉球列島乃是一個北方開口，南方密閉的文化區，這是在過去所論述的現象下加入了人文主觀動機意識的探討，以利解釋整體文化狀態。

其後我又增加了一些看法：早期人類確是適應自然環境求生，但文化的發展減低了人對自然的依存。自然環境與人類建構的社會

人文當然都是影響行為發展的因子,但對於擁有以文化為生存手段的人類,自然環境常常只是提供條件上的可能性,存於內心的自我意識往往才是決定選擇的關鍵,如現代世界的族群、國家意識便常是超越環境,並導引著行為的方向(陳有貝 2014)。

「人群主觀所形成的地理意識影響區域文化行為」是一個不難理解的現象,較困難的反而是在研究方法上,有文獻的歷史時代可以根據文本紀錄直接探究主觀意識的作用;若處於無文字的史前時期,僅據殘缺的考古物質確實難以深入人類的內心思維。對此,我們也唯有樂觀地看待:因為考古資料擁有較長的時間深度,所以藉著掌握長期的歷史(史前史)動向,亦有助於解開群體的意識傾向,建構人群的深層文化論述。

以琉球為例,近年研究指出現代琉球人和日本本土人可說有共同的來源,這種生物上或文化底層的類似性無疑是加強兩地人群來往接觸的條件,基於此所形成的心理或文化意識便可能超越客觀環境的資訊。自新石器時代以來,琉球列島持續接受來自其北方的日本本土文化訊息,這是原因也是結果。琉球愈北方的島嶼擁有較多較早的日本本土要素,愈往南則相反,甚至南琉球所以被視為不同文化區,其原因在此。

在共有深層文化與持續互動的發展過程下,北方文化的影響最後終於來到了南琉球,並隨著時代堆疊、累積層層的要素,最終形成整個琉球列島相似的文化面貌[64]。前章提到蔚為風潮的「貝器流行」其實也是這個機制的產物。

對於台灣本身,除了琉球是一個異生態、異文化圈之外[65],還因台灣自我長期歷史經驗形成對西開口的文化圈,所以即使和南琉球

---

[64] 此過程也許相當漫長,但相較於對南方的封閉性,對比是鮮明的。
[65] 可參考木下尚子(2012)。

地理位置接近，人群、文化仍保持相當的距離。

（二）「沒有陶器」的解釋

在南琉球的新石器時代中曾經出現一段「沒有陶器」的時期，堪稱尚無定論的史前一大謎題。

南琉球的新石器大致始於距今 4,000 年前，歷來認識以「下田原式陶器」為代表[66]（圖 7-5）。到了下一個階段，陶器突然消失，器物中有較多的貝器以及後來從日本本土引進的器物。直到第三階段，陶器再以被稱為外耳陶器的形式出現。問題就在為什麼在第二階段時期竟然不再製作與使用陶器？於是對此有各種不同的假設性解釋，包括如：不同人群的取代置換說，或是同一人群的生活改變說等（高宮広衛 1994）。

圖 7-5　下田原式陶器（沖繩縣立埋藏文化財中心提供）

人類在某些器物技術上有「退化」現象雖然違反文化向前發展的法則，但實際上的事例並不少見，如台灣原住民亦有類似過程。從考古可清楚發現某些原住民祖先在過去曾有製作陶器、金屬、玻璃等事蹟，但到了晚近文獻上卻毫無這類記載，民族學的調查也發現此等技術已消失在他們記憶中！一般認為近代原住民是因為接觸了周邊的異文化，經由和島外貿易交換引入了新的產品，取代了舊物，所以便無須再自行製造，長久之後便忘記了這些技術。然而這種解釋模式是否也適用於南琉球的陶器消失？

---

[66] 近年在石垣島白保竿根田原洞穴發現了可能是 9,000 多年前的陶器，其來源與去向如何？更增加本地史前陶器研究的疑問。

陶器為何被視為新石器時代重要的指標性產物？我們觀察絕大部分的陶器製品都屬承裝食物用的容器，器底也常有燒煮後的煙炱，顯現它的一大重要性在於可煮食食物。想像古代對各種食物的處理方法，早期或只用燒烤；後來食材增加，有煮食需求（尤如穀類作物），但自然界中的石材或木材都不適宜作為燒煮容器（前者製作成形困難；後者無法置於火燒），唯有陶容器的發明才能擴大對食材的料理應用。

很特別的是琉球的新石器時代是沒有農業，更無穀類作物利用，所以陶器在當地的重要性便不再絕對。而且同時期出現不少石煮法痕跡，不少研究者認為這種隨處可行的便利方法即足以取代陶容器的功能[67]。

人類學理論對於人類行為是「遵循文化傳統」還是「因應環境生態」在 20 世紀已有不少討論，前者以 Boas 為首的文化歷史學派為代表；後者是 Steword 領導的文化生態學派。現在我們大致可以瞭解這是屬於解釋面之爭，而非人類絕對的原理法則。所以，對於南琉球的無陶現象該選擇哪種角度才能給予適當、合理的解釋？如果持「不同人群的取代置換」就是傾向文化歷史說，只是島嶼上的人來人往難道可以如此徹底，都沒有任何人群留下？這在歷史上極為罕見。回到人群的生活改變說，究竟有無可能？

前面幾章敘述了本來為漁民的人群來到台灣後，因為著眼於豐富的山林而變身成為農民，失去了原本海洋漁人的性格；那麼南琉球的人群是不是因為投入了海洋的活動，從而改變了生活方式，以便利的石煮法取代了農業相關的陶器製作。南琉球以非常發達的珊瑚礁生態環境著稱（圖 7-6），和台灣的富裕山林是個強烈對比，很

---

[67] 石煮法是利用在地面挖坑，儲水後置入加熱的石塊，藉此使水沸騰煮熟食物，同法亦可見於台灣原住民。琉球無陶時代出現不少石煮法痕跡。

可能這就是形成各別特有文化的根源了。

圖 7-6　珊瑚礁環境與美食（右：沖繩縣立埋藏文化財中心藏，後藤雅彥提供）

三、結論：東亞的台灣

　　總結以上三章：早期台灣基於地理位置所在，開啟了舊石器時代的人群與文化；新石器的台灣則取決於生態環境與長期大陸文化影響，走向特有山林農業的生業形態；鐵器時代是因社會歷史事件而出現嶄新的文化表現。

　　上述之地理、生態、歷史等法則亦同樣作用於東亞其他海島，然而各因不同條件，各有分歧的道路。如生態條件使台灣連結至大陸的農業區，故走向海島的山林生業，不同於有著豐富珊瑚礁資源的琉球海島地區。或是東亞大陸的特定歷史性事件分別對其外圍造成平行化傳播和衝擊，有相同的成因與模式，卻有相異的內容與產物。

　　更有意思的是台灣與琉球（尤其南琉球）的地理位置相近，原本應有頻繁密切的往來，但是實證的資料否定這個常理。對於這種「不自然」的現象，須要給予特殊的原因解釋。除了客觀的環境條件因素外，人群長期累積的主觀歷史經驗將更為關鍵，結果是琉球產生北向的地理觀，台灣則屬西向的互動意識。貝器與玉器的互斥

流行圈是證實上述現象的最好產物，南琉球與台灣之間無形界線的存在更說明一切。

　　後註：回顧東亞幾個著名的考古學理論，如「中國文明理論」，台灣曾被視為其文明的延伸（或稱「龍山形成期」）；在「日本南方起源說」中，台灣被當成南來路線的源頭；於「南島語族起源論」，台灣被假設為南島語人群擴散的原鄉，以上幾乎個個都與台灣關聯，卻也伴隨不少疑惑與爭論（圖7-7）。現在我們利用前述的概念，對於這些「關聯性」似乎可以給予一些答案。所謂中國文明的延伸，其實是反映自然生業環境的類同所形成的傳播現象；日本的南方起源論，台灣顯然是要被排除在外；至於是否是南島語族的起源？恐怕也是想像高過事實，這點將在下章說明。最後，期待未來還能有以台灣為主體的史前論述，而不再是他者理論的邊緣！

圖 7-7　東亞世界中的台灣關聯論述

第八章
出口封閉的台灣島——
談南島語人群的起源地

　　不少研究指出：當南島語人群陸續來到台灣，創造了新石器時代以來的各式文化後，還進一步向外擴張，成為今日太平洋各地南島語族的祖先。簡言之，台灣古代的南島語人群曾經遠渡重洋，最後移民到太平洋、印度洋等各個島嶼（圖 8-1）。現在，這個多少帶著浪漫性質的原鄉說法多已擴展到台灣社會各層面，然而實際的考古資料是否堅定支持？則是一個要嚴肅面對的學術問題。

圖 8-1　南島語族的台灣原鄉論（改繪自 Matisoo-Smith 2015）

　　考古研究講求證據，本章將列出幾種代表性的考古證物以試著評論上述。於舉證之前，以下先簡要介紹南島語族起源的研究概念，以及與台灣相關的背景資料。

根據族群語言的分類體系，台灣的原住民皆屬於南島語族。所稱「語族」基本上是一種語言學上的分類單位，同一個語族代表其人群在語言表現上有某種程度的相似性。現在所知的南島語族大約有2億以上人口，主要居住在太平洋、印度洋各島嶼及鄰近地區，分布範圍的最北限為台灣島，東側為復活節島，西側到非洲東岸的馬達加斯加島，最南方達紐西蘭。整體大致可視為適應於島嶼海洋生活之人群。

　　如前所述，南島語族基本上是根據語言分類的結果，但是語言上的相似性多少是代表著他們的祖先曾經共同一起生活（或言有共同祖先），人群間極可能有某種血緣聯繫或是文化上的淵源關係。所以這個議題可以和過去歷史產生很大的關聯性，於是研究者們便利用各種手法以探究語族人群們的過去。在相關研究中，很受矚目之一便是利用語彙的統計及模擬的方法來推測南島語族的起源，而結果，台灣被推定為相當具有可能性的起源地。理由之一是以南島語各人群的共同語彙所模擬出的原鄉環境約和東亞大陸南方或東南亞一帶的海邊類似，台灣也屬於這個範圍內。其二是台灣島上有很多南島語的分支族群（圖8-2），代表本語族來到台灣的年代頗古老

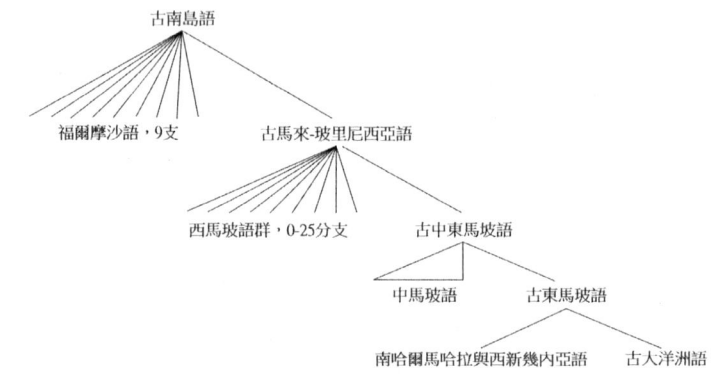

圖8-2　台灣在南島語分類的位置（改繪自陳其南 2014）

長久，才會分化出多樣的支族[68]（張光直 1987）。

在考古學方面較早提到史前台灣與太平洋民族關聯性者有日人移川子之藏，移川的學術專業在太平洋研究，本人又於台北帝大土俗人種學講座（台大人類學系前身）任職，想見必熟悉兩地資料。台北帝大在建校之初，從校園中出土了外形類似紐西蘭毛利人儀式時所使用的巴圖器物[69]（圖8-3），移川子之藏（1934）注意到了這個現象，便為文論述台灣與太平洋兩地的可能關係。

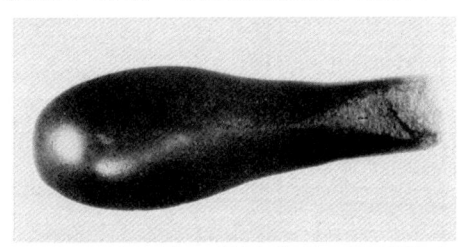

圖 8-3 台北帝大建校初期發現的巴圖形器（台大人類學博物館提供）

到了 1970 年代，Shutler and Marck（1975）具體將台灣與太平洋南島語族的關係化為路徑，主張這些人群自中國南方進入台灣後，南下經菲律賓，再擴散至島嶼東南亞與太平洋等地。後來有不少國際知名學者亦循類似概念，認為台灣很可能是南島語族的起源地，如 Bellwood（1978），他並認為擴散的原因和穀類農業發展所產生的人口壓力有關。

以上見解雖然受到不少重視與引用，惟實際上不是所有的考古學者都完全贊同，縱使台灣南島語族的歷史悠久，但不代表他們就一定是太平洋南島語族的祖先。例如有西方不少研究者主張南島語族應該起源於東南亞；另國內學者臧振華（2012）主張南島語族的祖先可能居住在福建南部到越南北部之間的南中國海北岸地帶，以多條路徑向外擴散。

---

[68] 一般以生物在某地生存時代愈長久，多樣化程度愈高。所以某地的分支族群愈多，代表可追溯的生存年代愈古老，很可能是族群的起源地。
[69] 這批石器也成了土俗人種學講座的第一批收藏標本。

但我認為大陸南方的古代南島語人來到台灣島後，幾乎就長久留滯、適應於島內環境，沒有人口壓力[70]，亦無向外擴張的跡象（陳有貝 2020b）。以下試舉幾個台灣考古的典型研究案例，希望在澄清這個問題的同時，也能從中發現史前台灣的獨自性。

一、巴圖形器

「巴圖」譯自「patu」，原本是紐西蘭毛利人的一種棍棒形器物名稱。其中有一類較特別，原物的外形略似較大型的飯匙，常用在舞蹈祭儀中，使用者握於手中揮舞，具有象徵上的意義（圖8-4）。

在早期有西方考古學者（如Skinner、Imbelloni）注意到巴圖類似器物在太平洋、美洲或中國東亞的分布，並提及可能的傳播關係。至於提出台灣可能也有著相似器物者則是台北帝大時期的移川子之藏（1934）。移川認為這種器物可以直接手握，或是裝著於短柄上，當成掘土農具，後來才演變成儀式性用具。他雖然沒有直接據此衍伸至史前台灣與太平洋的族群源流關係，但無疑已暗示兩地文化的關聯性。

圖 8-4　太平洋的巴圖使用於舞蹈祭儀中

移川之後，有凌純聲（1956）進一步擴大巴圖研究，他並不贊同移川對於巴圖源於農具的看法，而是主張巴圖源於兵器，並發展成為禮器，在區域源流上可追溯至東亞中國，並以傳播概念解釋其

---

[70] 即使從近代文獻的觀察也可發現原住民的人口分布密度很低。

在太平洋以及南、北美的分布。凌純聲向來主張古東亞文化具有廣闊的傳播範圍，所著的學說架構頗大，因此也企圖希望將巴圖形器納入其學說中。只是在基本資料方面並不足夠支持他的說法，所以也受到較多質疑。

隨著台灣考古調查工作的增多，巴圖形器[71]的發現數量也大幅增加，如溫天賜（2014）便對於這種器物的功能、意義與親緣關係作了深入的討論。毫無疑問，巴圖形石器是史前台灣相當常見的器物種類，它的分布地域極廣，主要涵蓋從北部、中部到南部一帶（圖8-5），外形和磨製石斧相近，但精緻的特質非常顯目，再加上常有成組出土的現象，推斷應該是一種具有象徵意義的物品。

圖 8-5　巴圖形器的分布（引自溫天賜 2014）

若僅以目前所知資料，立刻要論定台灣的巴圖形器與毛利人巴圖之關係顯然還會有諸多問題。簡單試想，如果巴圖真的是從史前台灣隨著南島語族擴散帶入到太平洋，那麼應該還會有什麼樣的證據？太平洋的古代遺址中應該會出現似巴圖或巴圖形器，或是發現這類器物的地點應該和南島語族的分布區域一致。

然而目前所能掌握的考古資料幾乎多以台灣島為主，其他僅見如社會群島可能有距今一千餘年的巴圖（Sinoto 1974）。所以在諸

---

[71] 因為還未能確定它真正的功能、意義，所以稱為「巴圖形器」，而非「巴圖」。

多缺環下，現階段只適宜把巴圖視為一個線索，尚不足以當成是連結台灣與太平洋南島語族的有效證據。

儘管巴圖形器在南島語族的地位未明，但是它對於史前台灣人群的意義還是很值得一探。如前所述，巴圖的外形和台灣常見的磨製石斧相近，因此可試著從磨製石斧開始討論。磨製石斧見於東亞各地，但是用途之說略有差異，日本考古學者多視為砍木取材的工具；台灣考古學不少認為是鋤地用的農具。從理論層面，台灣東部與山區多出土打製石斧，極少磨製石斧；西部平原多出土磨製石斧，較少打製石斧。這表示台灣的打製石斧和磨製石斧大致是互斥性的存在，通常呈現這種現象的原因之一便是兩者具有類似的功能。以此類推如果台灣的打製石斧是鋤地的農具[72]，那麼台灣的磨製石斧應該也不能排除具有類似的農具功能（圖 8-6）！

圖 8-6 巴圖形器和磨製石斧有類似性

至於巴圖形器和磨製石斧的關係，兩者除了外形類似外，據全台遺址的出土分布，磨製石斧多見於新石器時代的西半部平原，這和巴圖形器的分布時空有一致之處，這就是說兩者是同性質社會的產物。

巴圖形器的器體由柄部與刃部構成，特徵是器表磨製的非常光滑，整體的外形規整、對稱，有些在柄端還製做出一些變化，例如所謂的「冠頭石斧」等[73]。從製作的用心以及與非實用性的精心造型看來，它確實應有著另一層面的意涵。過去有紀錄提到農民在營

---

[72] 到近代都還有裝柄的打製石斧農具可以證明用途。
[73] 這個特徵也出現在某些毛利人的巴圖。

埔遺址發現了 9 件巴圖形器一起出土,增加了若干神秘性(柯思莊 1964)。

承上,如果磨製石斧是農具,那麼「精緻化、象徵化的磨製石斧」即巴圖形器,很可能就是加上了精神層次的農業象徵物。

多數的生業活動因憂心於產食的不確定性,故會配合著出現精神性的儀式行為與器物,以祈求獲得足夠的食物。處於農業社會的史前台灣人為祈求農作豐順,所以將農具(磨製石斧)象徵化以配合祭祀行為的實施,巴圖形器極可能就是其產物。類似行為即使到了近代原住民仍有不少確實記載,如鋤頭對某些族群而言,除了是農耕具外,也含有超自然力量,並發展出若干相關祭儀(胡家瑜、崔伊蘭 1998)。

今日當然很難瞭解史前祭祀行為的形貌,無從得知巴圖形器於其中扮演的角色。不過很有趣的是 1968 年,台南的武安宮廟宇在翻修建築時,從地下挖出了 5 件巴圖形器[74],這批器物製作精緻、器身極大(長約 60～80 公分),彼此又形體對稱,可以稱得上是一個「整套」或「整組」,顯然不是生活中實用的器物。廟方將之妥善收藏,並在器身表面畫上符咒,視為祭祀重器(圖 8-7)。不知是否純屬巧合,隱約所見到的是巴圖形器無論對於現代或古代的台灣人(漢人與南島語人)皆散發出一種精神層次的感受。

綜合以上,巴圖形器在台

圖 8-7　台南武安宮的巴圖形器(姚書宇提供)

---

[74] 附近地區亦有類似發現,可參照各媒體或學術報導。

灣尚無法說明古代與太平洋民族的關聯,反而是加強突顯了古代台灣農業的蓬勃發展,這在東亞海島、太平洋島嶼中都是非常獨立、特別的表現。

二、樹皮布打棒

　　樹皮布打棒亦常見於台灣新石器時代遺址,不少研究指出它與南島語族傳統器物有關。

　　關於本類器物之功能,最初曾有猜測是用來拍打陶器表面,製造紋飾的製陶拍板。不久後,鹿野忠雄(1946)指出應是如菲律賓居民製造樹皮布時所使用的拍打棒。這樣的功能推測基本上是比較於民族學標本而來,因為近代的樹皮布打棒也有類似的外形,尤其是打面上皆具有明顯的溝槽。唯一較不同點是近代標本幾乎多為木製,和史前石製品的材質不同。對此尚稱合理的解釋是古代的木製品可能因易於腐爛故未被發現,而且要等到後來有容易對木質物進行精細加工(如刻製溝槽)的金屬工具出現以後,才會大量出現木質的樹皮布打棒。總之,作為樹皮布打棒的推測得到多數人的認同(圖 8-8)。

　　二次戰後,凌曼立(1963)結合民族誌、考古學、語言學的資料得到一個結論,簡要而言,樹皮布製造是一種環太平洋地區的文

圖 8-8　台灣的樹皮布打棒(左:石坂莊作、宮本延人 1934)

化特質，它的分布地域除了台灣與太平洋島嶼之外，還包含日本、韓國、中國、東南半島、南美、中美等。而在這些地域中，台灣在製造與使用樹皮布乃有較早的年代歷史。後來，凌純聲（1963）仍再進一步擴大解釋，認為這個文化的起源可以追溯到中國大陸。

考古研究者連照美（1979）收集了台灣各地遺址出土的樹皮布打棒，發現它是一種持續時間長，分布範圍廣的古代器物，但是對於功能方面則抱持著較謹慎的態度，所以主張稱之為「有槽石棒」，以取代帶有功能性含意的「樹皮布打棒」名稱。

1980年代以後，張光直（1987）在不少論著中都提到樹皮布打棒是連結台灣與太平洋南島語族關係的重要證據。1990年代之後，香港考古學者鄧聰（2003）收集了多量資料，認為同功能的器物最早分布在中國嶺南環珠江口一帶，年代約在距今6,000年前，之後才經由菲律賓到達台灣，年代約在距今3,000年前。此篇論文的意義在於提出台灣以外地區亦有類似器物的存在，但由菲律賓北上台灣之說顯然疏忽了對整體地域的基本認識。而且，如古代日本也可能有樹皮布的製造、使用（角南聰一郎2001）。

一般而言，台灣的樹皮布打棒器物多可以分為打部與柄部[75]（略似大型的牙刷形狀；如圖8-8），打部的擊面上常刻有數條縱向凹槽，或縱橫交叉成方格狀。在大陸的南方所見的器形較少區分出打部和柄部，屬另一類形態。至於日本，則是形制多帶柄，但少帶槽[76]（圖8-9）。

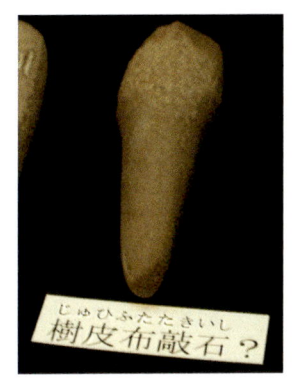

圖8-9　日本的樹皮布打棒（攝自日本宮崎縣西都原博物館）

---

[75] 此類亦可見於菲律賓。
[76] 亦有新的實驗研究指出此類器物乃是一種砥石（中園聰等2020）。

從民族學資料與樹皮布打棒的多樣類型看來，樹皮布製造是很多地區人群共通的普遍行為，不必然和南島語族存在絕對關係。不過台灣的樹皮布打棒極發達，而菲律賓確實也出土少量與台灣類似的打棒，此中所透漏的訊息是頗值得再研究。

三、兩縊型網墜

（一）網墜

網墜是繫綁在漁網上，藉著它的重量讓漁網可以沉到水中以捕獲魚蝦之物件，類似設計直到現代漁網仍然可見。因為網墜的功能是必須迅速沉入水中，所以通常使用質量較重的材質製造，現代常見如鉛製，史前台灣則多石製。

網墜的功能純粹實用，所以除了極少數具有特殊風格的外貌外，多數並不重視外形，史前常見僅以適當石子簡單打製加工，只要能取得用以繫綁網繩的缺口即可。

較早注意到台灣史前網墜特色的研究者應屬宮本延人（1939：36-37），他將所有發現的網墜區分為兩類，一類是在圓扁形小石子的兩側見有缺刻，多以砂岩製成（當時稱 A 型）；另一類是在長形石子的近兩端處各刻有細槽，多屬板岩所製（稱 B 型），兩種網墜的分布地域完全不同。

宮本當時所稱的 A 型在今日稱為砝瑪型，多見於東部；B 型即今日所稱的兩縊型，多在西部。這個兩分法因簡明扼要且大致合乎實際，所以後來如鹿野忠雄（1946）、國分直一（1950）等人仍多引用宮本所言（圖 8-10）。

隨著資料的不斷成長，研究者們又意識到所謂兩縊形網墜其實還包含有不同的類別，如邱敏勇（1984：275）在整理南投大坪頂遺

址的資料時,將兩縊型再分為長條柱狀與扁平狀等兩類,或如何傳坤與劉克竑（2004）將大馬璘遺址出土的網墜先分成帶縊型與缺刻型,其中又有一縊、二縊、三縊、四縊之區分,但細觀所有資料仍以兩縊型最多,最為典型。基本上正如在卑南遺址的資料報告中所提,從文化層出土的14件網墜中,有11件為砝碼型,3件為兩縊型,「器身呈細長條形,橫剖面近圓形,通體磨製,製作十分精細。在接近兩端處周圍磨鋸出一道溝槽,用以繫繩」（連照美、宋文薰1986：97）（圖8-11）。

另一個引起注意的是網墜的分布地。對於宮本延人最初的歸納（兩縊型在西；砝碼型在東）,鹿野忠雄（1946）再補充為：在南北兩端有重疊現象,且藉此可有助於台灣東、西文化的比較研究。接著國分直一（1950）從生態的角度解釋了網墜的地理分布現象,因砝碼型主要出現在海邊或和海岸有聯接的地方,所以是和海邊的漁撈有關；兩縊型主要出現在河湖附近,如台北盆地、埔里日月潭盆地、大甲溪南岸、水底寮、竹山地方等,所以是和河川、湖泊的漁撈有關。這個解釋明顯比過去的認識更接近實際。

圖8-10　史前網墜分布的傳統看法

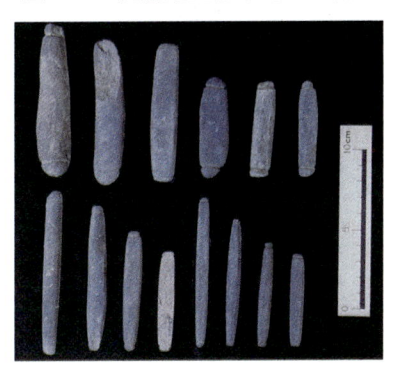

圖8-11　典型兩縊型網墜（李光周等1983）

數十年後，李匡悌（1989：34-35）在鵝鑾鼻地區的漁撈研究中提到「配合大港口阿美族民族誌材料的說明以及漁撈學理論與方法的解釋，鵝鑾鼻公園地區史前漁撈活動至少使用五種不同的漁捕技術」，而對於其中的投網法，「周耀烋教授認為以鵝鑾鼻公園地區的網墜看來，……兩縊型網墜則比較適合這種網具（投網）的設計」。雖然文中沒有仔細說明原因，但這個結論極有意義。

（二）投網

　　所謂「投網」，中文又有稱為「手拋網」、「撒網」、「八卦網」等[77]；日文亦多稱為「投網」；英文一般稱「throw net」或「cast net」。從現代人看來，投網是一種個人撒網捕魚的古老技術，可能易於使用且有著良好的捕魚效果，所以後來在世界各地被普遍採用。今日有些地方已視投網為一種傳統文化，時常舉辦各種民俗活動以圖保存[78]。在若干新觀念中投網也被視成是種運動或遊戲，而台灣亦有製造投網，行銷至世界各地。

　　投網是一種純屬個人可自行操作的捕魚技術，使用前先整理好漁網，再以手擲方式將漁網拋向目標區，這時附於漁網周邊的網墜便會將網帶開，再靠著網墜重量帶著漁網迅速下沉，稍待片刻後，投網者便可拉起漁網中心的線繩以提起整張漁網，當下若在漁網範圍內有魚類等生物活動，便會被漁網所圍捕或纏繞抓起（圖 8-12）。

　　受制於個人的投擲力量，所以投網者無法過度遠離標的，且因漁網沉下的深度有限，故這種方法較常見於溪河、湖泊或是較淺的海灣，不適合於較深的海洋，從而所得的漁獲種類、數量也較受限。

---

[77] 少數有稱為「手網」者，其實應予以區別，手網多指帶有器柄之小型手持撈網。
[78] 如台南市政府多年舉辦比賽與觀摩，日本有江戶投網保存會、浦安細川流投網保存會等。

第八章　出口封閉的台灣島——談南島語人群的起源地　137

圖 8-12　投網捕魚的準備動作與拋出

但是相對上，漁網成本規模小，容易維護，操作簡單，而且也有一定的捕魚效率。

如前所述，投網是藉著手拋的方式張網捕魚，網開的愈大，可捕獲的範圍增加，效果便愈佳。所以投網人為了拋向目標時能使漁網做最大面積的張開，通常會運用腰及手加上旋轉的力道來完成。因應於此，網墜的設計也有幾個技巧要件：

第一是各個網墜的重量必須相近，當施力向外拋出漁網時，才能順利讓網張開成形。

第二是以實驗觀察的結果，使用線繩繫於兩端的長條形網墜乃是最有利的設計，因為當拋網向前時，長條型網墜多成一縱形向外飛出，以達到較遠的距離，而當網墜飛至一定距離被後面所繫的繩網所拖住時便多呈橫型，如此便能將投網張開至最大面積。

以上就是前述「兩縊型網墜比較適合這種網具」的理由。我們檢視今日實際的投網網墜，也能為這個說法做印證（圖 8-13）。

圖 8-13　投網的網墜為長條形（此乃世界各地多數投網的共同特徵，可參考陳有貝 2007）

（三）史前台灣的投網活動

既已證明了「兩縊型網墜＝投網物件」，接著便能利用史前兩縊型網墜的出土資料推定投網技術的曾經存在。仔細查閱各種台灣考古調查報告或論文裡所提到的兩縊型網墜，彙整其遺址的分布，製圖 8-14。

1. 在空間分布方面，出土典型兩縊型網墜的內陸遺址多位臨河川溪流，部分海邊的遺址也多在河川出海口，如保力溪口的龜山遺址，或南太麻里溪的舊香蘭遺址等。非屬河口的海邊遺址則是面對著

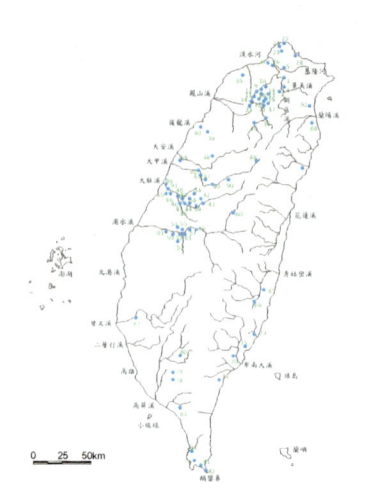

圖 8-14　台灣兩縊型網墜的分布

淺平的內灣海岸，如鵝鑾鼻各遺址面對的是廣大的珊瑚礁海岸，富山遺址則面臨著杉原灣。這正如國分直一（1950）所提議兩縊型網墜是適應於河、湖、淺海捕魚的說法。整體上，除了花蓮與部分山地區域外，兩縊型網墜的出土地點幾乎涵蓋整個台灣各地，很直接顯示古代投網技術的普遍性。

2. 在年代時間方面，兩縊型網墜主要集中出現於距今 4,000 多年～2,000 年前，即約在台灣新石器時代中期到晚期之間。更早時期的大坌坑文化乏見，約是在新石器時代人群進入台灣後，歷經一段不長時期便大量出現。

消失時間約始於鐵器時代初期，數量開始變得少見，除了可能是被鐵製網墜所取代外，也令人不得不懷疑是否投網技術已逐漸沒落。是否因社會有更複雜化的發展，因而出現具有組織性的捕魚方式（如使用大型漁網、團體圍捕等），或原本的個人漁法因鐵器的

第八章　出口封閉的台灣島——談南島語人群的起源地　139

引入而改變,如《噶瑪蘭廳誌》記載「漁獵無網羅,只用鏢」,說明鐵製的魚鏢相當程度地取代了漁網。

　　但整體而言,某些地區確定仍延續著這種投網捕魚技術。在一些民族誌中記載了使用投網的實況,如《蕃族調查報告書》裡提到了阿美族於河中乘筏投網,或站在水中投網,並且畫有可能是投網網墜的漁具(圖 8-15)(佐山融吉 1913:38-39)。又如台東縣東河之地名乃源於原住民「大馬武窟」之社名,此社於 1722 年黃叔璥所著之《番俗六考》中曾稱為「貓武骨社」或「武突社」,原意即為「投網」(許木柱等

圖 8-15　阿美族使用的投網網墜(佐山融吉 1913)

2001)。據此可以得知至少在 18 世紀以來,該地區便是一個盛行投網捕魚的水域。

　　總之,新石器時期的台灣是一個普遍使用投網捕魚的時代,這種技術盛行運用在湖泊、溪流、淺海及珊瑚礁海岸等地點。

(四)意義

　　「投網」極可能是古代台灣人的重要特有發明,不然也是將其效能發揮至極致的特有案例[79],至少目前考古上僅台灣有典型兩縊型網墜的發現。投網在台灣的盛行具有以下兩點意義:
1. 投網由個人操作,可有效獲取淺水域的漁業資源,快速補充個人或家族的魚類蛋白質來源,性質上就是農民在主業(農業)之外,於開暇時進行的副業。換言之,它的存在也證實了台灣史前農業的普遍。
2. 對於南島語族的起源問題,兩縊型網墜尤有它特定的意義:兩縊

---

[79] 關於兩縊型網墜的傳播發生請參考(陳有貝 2007,2016c)。

型網墜、投網既是古代台灣人日常使用的物品與技術,如果他們曾移居到他地,便理應帶著這種有效的生活利器。然而目前除了台灣島外,其他地區都未曾發現兩縊型網墜。海洋、漁業資源若對南島語人是如此緊要,為什麼移居他地時卻沒有隨身帶著投網技術前往?所以,無疑這是史前台灣人並未外移的最佳證據!

四、魚鉤

相對於兩縊型網墜的現象,魚鉤呈現著另一種對比式的存在。

釣魚技術是今日極常見的漁法,魚鉤則是釣魚用具中的必要組件。很意外的是史前台灣卻很少有魚鉤,「釣魚」竟不是史前台灣居民的擅長技術!台灣遺址偶爾也出土魚鉤,代表當時並非不知此種漁法,然而比較於太平洋島嶼或其他地區大量又多樣的史前魚鉤後(圖 8-16),便不得不承認台灣魚鉤的稀少性。

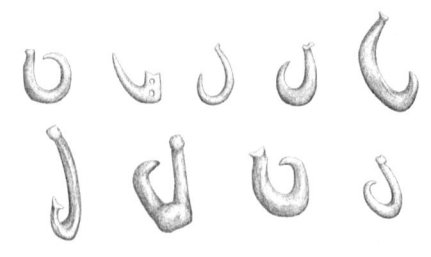

圖 8-16 太平洋島嶼有發達的魚鉤(改繪自各報告書)

有意見認為史前魚鉤多屬骨製,長時間埋於地下容易腐壞,所以才不易被發現(意即實際應有相當的數量)。但是有不少大規模的發掘,例如南科遺址群就有大數量的魚骨出土(臧振華等 2006),顯示當時的漁業非常盛行,而且既然有多數魚骨出土,便表示地下埋藏環境並非絕對惡劣。只是實際上南科遺址群合計發掘已超過 10 萬平方公尺,而從目前報告書看來卻相對少有魚鉤的發現。

又如台灣島最南端的墾丁地區,這裡擁有孕育著豐富生態資源的珊瑚礁海岸,自然環境中的石灰岩地質也對動物的骨、角等有機

質的保存非常有利，史前遺址更出土大量的魚類與貝類（李光周等 1983，1985），但是亦少有魚鉤的出土。從這類例子中便可以知道「魚鉤少」和保存條件無關，而是反映事實的結果[80]。

台灣所在的東亞地域無論是大陸沿岸，或是朝鮮半島、日本列島

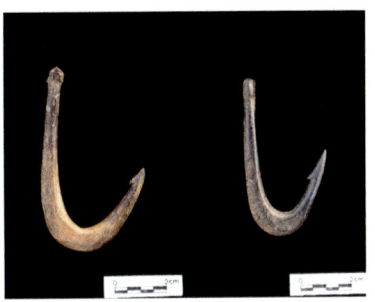

圖 8-17　史前台灣僅有少數的魚鉤（舊香蘭遺址，李坤修提供）

等，從史前時代以來都是魚鉤非常發達的地方。台灣四面環海，內陸又有各種河川、湖泊，釣魚本身也不是種特定困難的技術，何獨台灣人卻不好此法？

試引考古學常用的思考方式解答，可有以下幾個推理方向：

（一）基於文化傳統的因素：假設台灣南島語人的傳統並無釣魚技術，所以來到台灣後當然不知此技術。不過客觀上這個想法的可能性低，前面已強調台灣偶爾仍有魚鉤出土，代表當時人群是知曉釣魚技術，只是因為某些因素才沒有加以廣泛運用。

（二）基於生態環境的因素：是否因台灣的水域環境較不適合魚釣？根據東亞大陸及韓、日的考古資料，史前魚鉤多應用於較深的海域（渡辺誠 1988）。若此，正代表台灣史前漁業是以內陸或沿岸淺海域為主，較少離岸之深海域漁業。

（三）基於生業形態的因素：如本書強調，台灣南島語人以適應山林生活為主，農業是主要的生業方式，農產是主要糧食來源，所以較危險與困難的深海漁業相對受到忽視。

---

[80] 台灣島上遺址出土較完整 J 形魚鉤者可參考舊香蘭遺址及發掘中的鵝鑾鼻遺址，但數量少。這也是表示知道釣魚技術，但是少使用。

（四）基於新技術的取代：如前述，投網是當時普遍被使用的漁業技術，此法由個人操作、方法簡單，這些性質正巧與個人釣魚特性相同，且因投網有更佳的效率，從而取代了魚釣技術。

以上的（二）、（三）、（四）點都有可能，也互不衝突，將之綜合起來便是：來台的南島語人原本有著釣魚的技術，然來台不久後因適應發展成以山林農作為主的生業形態，故忽視了海洋漁業資源的利用，轉而發展出適合於內陸或淺水域所使用的投網技術，作為農民於農暇時刻的兼業活動（圖 8-18）。由於投網新技術具有效益，故很快地散播至島內各地，而古老的釣魚技術便轉而式微。

圖 8-18　農民於農閒時期在溝渠投網捕魚

圖 8-19　琉球的貝網墜漁網（八重山博物館提供）

鄰近台灣的琉球列島向來也少見魚鉤出土，研究者認為是被一種稱為「追逐網法」所取代，這種漁法專選用貝殼為網墜（圖 8-19），至近代仍然相當盛行，是適應琉球珊瑚礁海域極有效的捕魚方式，也是一種區域特化的表現。而最近琉球考古發現了距今 2.3 萬年前的魚鉤，證實了以魚鉤釣魚的歷史其實頗早，只是後來被其他技法所取代。這種現象多少和台灣類似。

除了台灣、琉球，放眼周邊地域不少都是魚釣技術的愛好者，尤其太平洋多處島嶼都發展出複雜多樣的魚鉤文

化，和台灣特有的投網捕魚技法呈現截然不同的對比，這也是台灣南島語人和外界呈現疏離狀態的證據之一。

五、石刀

相對於海洋漁業的缺乏，興盛的農業則是另一個極端表現，最能反映這種盛況之一者便是石刀。

石刀常見於史前東亞遺址，已有不少研究者從各種研究方法指出這是用於摘取作物穀穗的收穫用具[81]，而包括民族誌資料的類比，或中國古文獻提到的「銍」也印證這類器物確為摘穗之用。不過，適用對象並不限定於某一種作物，而是應用於各地區的不同作物。其中亦有推測在穀類作物尚未被改良前之階段，穀穗的成熟時機不一，故利用刀狀物以單株方式採收[82]。

一般認為石刀應源於東亞大陸，後來才傳播到周邊如日本、韓國、台灣等地區。國分直一（1959）曾從器形的比較指出台灣的石刀源自大陸的文化傳播，後來亦少見持反對意見者。近年，李作婷（2010）收集各地資料並從器物編年與類型分析的角度討論，結果仍贊同台灣的石刀源自大陸，進一步再配合稻米資料指出台灣稻作應有各個不同的源流，其後藉台灣各地的人群移動與文化傳播而有著複雜的發展。可能是在上述的背景下，石刀廣布於台灣各處遺址，從平原到山地，據非正式的統計，台灣新石器時代擁有石刀的遺址可能在 8～9 成以上（陳有貝 2020b）。

石刀是如何地受到重視？觀察石刀的分布地，在東亞大陸就包括了黃河、長江流域，跨越了氣溫較冷涼的小米帶以及較暖熱的稻

---

[81] 簡要可參考（後藤雅彥 2012）。
[82] 現代所見的稻米多是改良後的產物，有著穀穗不易自然掉落，成熟時間一致，可以同時多株收割等優點，故適用於整束割伐的鐮刀器物。

米帶,似乎表示是一種可適用於不同穀類作物採收的用具。台灣在石刀出現之前曾有貝刀(出土於 5,000 年前的南關里與南關里東遺址),可能也是同功能的器物(臧振華、李匡悌 2013;臧振華等 2006)。到了鐵器時代至近代則由鐵製品取代。歷史時期的平埔族文獻則記載著「收割時,用的是如刀狀物的器物,而不是像鐮刀類的農具來切斷稻梗」(康培德 2001:12)[83]。故石刀可說是台灣長年所使用的農具。

石刀必定是具有很好的效能,所以才能廣泛地被流傳使用,並從大陸跨海傳播到日本、台灣等島嶼。即使台灣島內的情形亦是如此,石刀出土地幾乎遍及全島,盛行於新石器時代的中期至晚期,成為一種極具普遍性與指標性的生業器物。

如果台灣南島語人曾移居他地,沒有理由不隨身攜帶這種最熟悉、有效率的生業用具,或者將這個知識、技術應用在新的移民地。然而現實證據卻是完全相反,包括琉球、菲律賓、太平洋等台灣周邊島嶼仍極少有石刀的發現報導。

六、製船用石斧

被認為可能是造船用的木材加工具在琉球列島有不少考古發現。依所屬年代而言,最早的是距今數千年前的圓鑿形石斧[84],特徵是全器較一般的斧、錛粗厚,器身斷面多呈橢圓,刃端面下凹,使刃線呈有利於刨挖木材船身的圓弧狀(小田靜夫 2000)。

另一類大數量的發現是距今 2,000 多年以後的貝斧,這是選用硨磲貝的側緣部分再施以加工,製成質地堅硬的斧狀造船工具。相同

---

[83] 康氏引自 Campbell, ed., *Formosa under the Dutch*. 原文。
[84] 在九州南方可達 1 萬年以上。

的貝斧在菲律賓也有發現，甚至太平洋小島也有類似品（小田靜夫 2000）。以上，這類大型的斧鋒形物的功能被認為可能和刨製舟船相關（圖 8-20）。

圖 8-20 可能是製船工具的大型斧鋒（左：南琉球，民家收藏；右：菲律賓）

台灣位居菲律賓與琉球之間，又是所謂黑潮海流經由的要站，因此理應也有這類圓鑿形石斧或貝斧等造船加工工具，然而實際又是完全相反[85]。即使最近發掘出土甚多貝器的鵝鑾鼻遺址截至目前亦無同類品的發現報導。

台灣的斧鋒一類器物多依刃線所在的位置作區分，中鋒為斧，偏鋒為鋒。部分磨製的石斧應有砍伐木材的功能；石鋒皆磨製，大小似有序列，刃線極小者又被稱為鑿，都是木材加工工具，但基本上外形多小於上述製船用石斧（圖 8-21）。石斧與石鋒可說是台灣發現數量最多的石器遺物，它們絕多數都是出現於平原或山地，和

圖 8-21 台灣常見的石鋒（左：黃士強提供）

---

[85] 台灣考古中也極少發現到舟船的相關物，未知是事實上少舟船，還是埋藏條件不佳所致。

海邊活動毫不關聯。這是「山林台灣」特性的證明，也是區別台灣與其他海洋南島語族的實據。

大部分的語言學者都認同多數的南島語言都保有航海、舟船及若干海洋魚貝的相關詞彙，唯獨台灣是個例外，沒有與這些相關的同源詞，抑或很早就失去這類詞彙（李壬癸 1997：74-87，160-161）。

考古上，從琉球、蘭嶼[86]、菲律賓等一線往下都有造船工具的發現，只有台灣就是少見，這個結果正呼應著語言學的現象。

七、結論

前述多以實用性器物為主，其實台灣考古還發現不少屬於精神象徵性的器物，這些同樣未見於島外。小形者如有著特定風格的「人獸形玦」，大形如外貌特殊的「巨石」等，像這樣具有精神意義者有時比實用物更被珍視，縱使外移也不該被輕言放棄。

持「台灣為南島語族起源地」者常致力提出台灣與菲律賓的史前類似性，被提及的證據如紅色陶器、罐、豆、盆的器形，以及玉器、樹皮布打棒、砝碼型網墜、石錛、打製石斧等（洪曉純 2005a，2013）。但上述的器物種類其實多普遍見於東亞、東南亞的大陸與海島，部分是人類行為的普同性產物（如陶器），有些是區域間無方向性廣泛散播的結果，恐難作為直指台灣與菲律賓間之特定移動路線的證據（圖 8-22）。

數年前，研究者以自然科學的方法鑑別分析玉的質地，發現菲律賓出土的若干玉器的質地可能出自台灣花蓮的玉礦，曾引發不少

---

[86] 鹿野忠雄（1946）曾經舉出不少在蘭嶼發現的石斧，其中類似於上文所說之造船用的圓鑿形石斧便是「屋頂形石斧」，並表示這種石斧僅見於蘭嶼、菲律賓，不見於台灣（陳有貝 2002a）。

圖 8-22　容易被誤認的證據之一：東亞各地都有的砝碼形網墜（左：台灣；右：日本，攝自日本宮崎縣西都原博物館）

注意（Iizuka & Hung 2005）。並據此推論早期有以南島語族為主體所連結起來的小規模貿易網絡，或有一批在南中國海岸活動的製玉工匠由所獲得的玉礦材製成當地所需玉器（洪曉純 2005b：94；Hung et al. 2007）。

對於上述事證的背後意義並不難理解，我們可以看到無論是台灣出土特定的外來器物[87]，或是東南亞出土從台灣輸入的玉飾，這些主要都發生在新石器晚期以後的南海傳播圈（圖 8-23），所見器物性質本身都是具有特定價值，故是透過交換貿易等特殊方式獲得的有價商品。而足以證明台灣人群向外移住的實際生活中之必要、有效的用品則從來缺少發現。

還有一些因為地理上的鄰近所產生的短暫、零星的偶發接觸皆是難以避免，有時也造成了少數物質文化的散播

圖 8-23　新石器晚期南海傳播圈示意圖

---

[87] 如淇武蘭的金鯉魚，參見（陳有貝 2020a）。

現象，例如就歷史資料所見，在茫茫大海中發生船隻的漂流事件可說不甚枚舉。

想像如果台灣南島語人將移居到其他島嶼，那麼他們應該會計劃帶著什麼樣的物品隨行，應該不只帶著沒有實用性的貴重品，就算無法攜帶有形的實用器物，無形的知識與技術都一定會在異地重新被應用！找到這份清單才是說明移民的證據。

台灣確實曾存在著極古老的南島語族，但這不代表他地的南島語人群都是從台灣出發、繁衍的後代，他們之間關係只是「表親」，甚至是文化性的，而非血緣。

第九章
史前台灣的本土化

　　台灣南島語人群不僅非為太平洋南島語族的祖先，甚至幾乎從來就未曾外移，反而長久在本島產生一個專屬本土的特色。本章將統合證據來說明其中是什麼樣的過程，又有哪些產物？希望整理呈現出一個以台灣為主體的說法。

一、移入的人群

　　單就人群的生物性質而言，目前的生物人類學分析對於古代台灣人來自何處仍無法得到一致性的答案，其中原因包括對定義的認知及實際過程的複雜等，故難以出現單一說法。例如台灣與太平洋的南島語族也許在生物性上有相關，但不能說前者就是後者的起源，有可能只是來自某些共同地。此外從某些較嚴謹的角度而言，所謂的「親緣」不等於「血緣」，前者有不少是文化製造的結果，導致所謂的南島語人不一定有南島語族的生物性。

　　語言學方面的問題之一是語言隨著時代、社會的變化現象，如大陸南方很可能曾是南島語分布區，後來卻因社會變遷而不再使用南島語[88]，但這類現象在消失後並不會像古遺物般被保存於地下成為研究者的資料。所以相較之下，考古學的分析研究仍是探討古代人群動態最有力的方法。

---
[88] 語言的改變有時非常快，常見父母還能說原族語言，但到了下一代就換成另一種語言。

以整體考古研究看來，史前台灣的顯著外來移民至少發生在兩個以上的時期，早期一批是台灣新石器時代的開創者，約在距今6,000年前（或稱大坌坑文化人）；較晚一批是對應於鐵器時代的開始，約在距今2,000餘年前。此後，可能有來自東南亞沿海的少數人群，基本仍多屬南島語人。

　　6,000年前的第一批移民大致來自中國南方沿海一帶[89]，理由是這個地區的考古資料與台灣最近似，包括遺址出現年代、陶器風格，以及墓葬埋葬行為等。本地區位屬南嶺山地之南，生態條件和嶺北有異，早期歷史文獻紀錄下的風土人情亦和北方不同，很可能是古代南島語人的居住地。

　　從第一批大移民後的數千年間，必定還有其他人群在不同時間點來到台灣，現在我們時能從考古資料中看到一些零星跡象，相較下似以西南平原一帶較多與集中，顯示這個區域與相關路徑的高可能性。

　　第二波大規模的移民約略在距今2,000多年前，同時也帶入了台灣的鐵器時代。本次成因出自中國內部社會的劇盪，造成人群向外擴散，台灣只是其南方人群外移的一地。很特別的是移民本身仍屬當地的「南島語人群」，只是此刻他們的文化和過去已有不少差別。從歷史文獻或考古資料都可以窺見當時漢人勢力已經從沿海南下，影響造成當地原住民（南島語人）的「漢化」，故可將之稱為「漢化南島語族」。來到台灣之後，他們普遍居於海岸平原，與早期來台的南島語人有著文化差異，多被研究者稱為平埔族（圖9-1）。

　　在2,000年前的移民潮之後，兩岸再度呈現出稀疏的往來形式，主要原因之一是中國的國家政體所形成的界線，以及原本生活於大

---

[89] 學術界有主張來自中國東南沿海，或中國南方沿海等不同主張，可參考第三章。

第九章 史前台灣的本土化

陸海岸的南島語人因受漢影響而弱化了固有生活方式，就某種意義而言也可以視當時大陸的南島語人已漸稀少，來台者自然無幾。

圖 9-1 南島語人加入漢文化來台成為平埔族

考古資料很清楚地反映此後兩岸的封閉性，證據如距今 2,000 年後的對岸已經開始有了書畫藝術乃至文字的使用，但是史前台灣從未有相關發現。台灣本島也極少出土唐宋以前的遺留，如果當時有移民，知識、技術以及日常用品、工具都應該會應用於台灣生活中，不會在移居他地後就突然失去了這種能力。

此時，取而代之的反而是中國更南方沿海到東南亞一帶的要素，典型如玻璃或金屬製成的產品，而若干陶器也呈現出濃厚的南方氣息（圖 9-2）。觸發這次人群與文化移動的原因推測同樣與中國的社會形勢有關，亦即隨著帝國政體之勢力的日漸南下（尤至越南），再度擠壓東南亞沿海人群與文化移向海外，部分或來到台灣[90]，是為

圖 9-2 有著南方風格的陶器與紋飾（龜山遺址，李光周等 1985）

---

[90] 可參考第十三章所提的三和文化海洋系統，這類遺址的部分陶器外形近於大陸南方沿海到東南亞一帶的陶瓷，但遺址中沒有出現真正漢人的陶瓷，代表實際來台者不是漢人，而是受到漢文化影響的南島語人。

台灣第三波的移民潮。

正如所週知，有史以來的台灣基本上就是個移民社會，史前台灣至少便經歷著新石器初期，及鐵器初期以來從東亞大陸南方前來之移民潮（表 9-1）。

表 9-1　史前台灣的外來人群

移民順序	年代	原因	來源地	特性
第一次移民	6,000 年前	不明	大陸南方	大坌坑文化／南島語族／開啟新石器時代
第二次移民	2,000 年前	漢民族南下擠壓	大陸東南	受漢文化影響的南島語族／開啟鐵器時代
第三次移民	2,000 年前以後	漢民族再向南擠壓	東南亞沿海	少量人群

二、島外帶來的文化

雖然來台者皆屬南島語人，但因原居地與時代不同，所帶入的文化亦有別。

最早來台的人群原是重視海洋資源，可能併同經營以根莖作物為主的小型農業，散居於零星小村落，人群彼此間的文化共感度相對低，無一致共同思維意識。這當然也是表示學術上所謂大坌坑文化並不是代表某個「族群」，而是由一些零星、分散，具有若干類似生活方式的人群所組合的概念。

擁有海洋特質的南島語人來到台灣後不久便脫離了原本的生活方式，這個關鍵在於台灣本身的自然生態條件與中國嶺北地區相似，從而形成穀類農作的受傳播區，人群也轉型成為在山林裡經營穀類燒耕的南島語人[91]。對於此類文化傳播，有以下考古證據可資證明（圖 9-3）：

---

[91] 因為海陸相對高度的變化，早期西部平原並不似今日所見寬廣，人們接觸山林的機會也大增。

(一) 台灣最早期的粗繩紋陶器和中國南方沿海陶器特徵類似，但後來的彩陶、黑陶等紋飾多屬嶺北陶器的常見特徵。

(二) 史前台灣出現的三足器是中原文化的典型特徵，其早期分布的南限約至嶺北一帶，所以台灣的三足器也是嶺北特徵。

圖 9-3　來自嶺北文化的傳播

(三) 史前台灣的石質兩縊型網墜是來自中國揚子江形網墜的變化，整個變化過程從嶺北經中國東南沿海至台灣島，傳播路徑非常清楚（陳有貝 2016c）。

(四) 史前台灣西南地區的陶質網墜也是中原地區常見，傳播路線經嶺北地方影響至台灣西南。類似網墜至晚近都仍有漢人在製作使用，如蘭陽平原（陳有貝 2020a）、西南平原（如古笨港遺址；盧泰康、邱鴻霖 2012：127）所見。

(五) 磨製石刀是採收穀穗的收穫性農具，對象作物包括小米或稻米等穀類作物。石刀在中國多分布在中原、嶺北，多數器形和台灣所見都有相似對應，傳播影響的脈絡清晰。

總之，因為有著相似的環境條件，導引多種文化要素於本區帶間流動，使得新石器時代的台灣人群也有著濃厚的嶺北特質。

到了距今 2,000 年前，異文化再度出現於台灣，帶入者雖然和本地南島語人具有同源性質，然而經過數千年兩岸不同環境的洗禮，文化已有距離。新人群在大陸與漢人直接接觸，不少生活習慣受到漢文化的置換，和早期來台者有相當程度的不同。

隨上述「漢化南島語族」來到台灣之最代表性要素便是「幾何印紋陶」和鐵器，前者是一種帶有特定紋飾風格且質地較硬的陶器，幾何紋飾於中國東南，大致始於距今 4～3,000 年前，直到秦、漢以後一直都是南方常見的圖樣，再配合著較高火侯的技術製造出所謂的「幾何印紋陶」（圖 9-4）。鐵器則是一種極有效的材質與工具，並可經再製造與多方利用。當人群移居他處，一方面帶著最有效的工具，同時仍表現出原鄉風格，這就是台灣在 2,000 年前後出現鐵器與幾何印紋陶的原因。

連接著鐵器時代，隨後在若干地區出現了濃厚的東南亞古風，著名的考古發現如青銅刀、各種風貌的玻璃珠與金屬裝飾等（圖 9-5）。部分由人群攜入，部分則是結合航海貿易的盛行，以物品交換的形式引進。

圖 9-4　中國的幾何印紋陶（取自美國大都會博物館公開網站）

圖 9-5　玻璃珠與金屬裝飾

三、改變：移入後的本土化

新人群帶來了異文化，接下來便是本土化的過程，最終轉化成為台灣自有的新傳統。這個模式表現在各個層面，以資料量最多的陶器紋飾而言，如從新石器最早期的粗繩紋轉變為全島分布的細繩紋即是其一，或是鐵器時代晚期發展各種繁複的幾何印紋也是將外來流行本土化的結果（圖 9-6）。

圖 9-6　細繩紋與繁複的幾何印紋是本土化的結果

若從具體物的角度，兩縊型網墜亦是一個代表例（圖 9-7）[92]。

整體上，我們可選擇石器作一個綜合分析，以更清楚瞭解外來、變遷與本土化的意義：

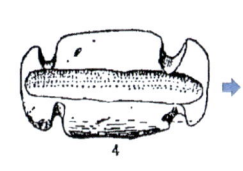

長江流域的揚子江型陶網墜(安徽薛家崗遺址，安徽省文物工作隊 1982)

大陸東南沿海的揚子江型石網墜(馬祖列島)

台灣的兩縊型石網墜

圖 9-7　兩縊型網墜的傳播變化（陳有貝 2016c）

首先，將台灣遺址出土的器物區分成「區域普遍型」、「台灣

---
[92] 因資料較多，詳見（陳有貝 2016c）。

變化型」與「台灣特有型」等三類。如石器中的打製或磨製的石鋤、石斧，或石鏃、石刀、石鐮（圖9-8）、砝碼形網墜、石紡輪等皆屬東亞區域常見的普遍型；巴圖形器、石杵、各種巨石、變形的玉玦、長管珠等類為台灣特有型，屬極少見於他地；兩縊形網墜、樹皮布打棒則可歸為台灣變化型，其類同物可見於相關區域，但外形、意義與功能或已不同。

圖 9-8　有些器物普同分布於廣大區域如石鐮（富源遺址）

其次是觀察、歸納前述三類器物的屬性。區域普遍型如石鋤、石斧、石鏃、石刀、石鐮、砝碼形網墜、石紡輪等之器物多屬實用性的功能，內容多屬單純與生業或技術活動相關的產物。台灣特有型如石杵、巴圖形器、巨石、人獸形玦等，它們的共同交集便是「象徵性」，意義多指向人群具有類似的信仰、祭儀等思想與行為。至於最後一類「台灣變化型」如兩縊形網墜、帶把柄的樹皮布打棒等，前者是源自大陸地區的台灣變化；後者也是大區域中的台灣特化形[93]，它們一方面呈現關聯的傳播現象，另面則表現出適應於台灣自有的生活與環境。

對於「區域普遍型多屬實用性器物」之原因並不難理解。台灣為地域成員之一，自然受到來自周邊世界的影響，尤在一般技術層面或和實際生活的應用相關，純可視為是一種基於現狀的傳播表現。

某些外來物進入台灣後產生變形，轉化而成本島的特有形態，此類「台灣變化型」多是為了適應本地自然與社會環境所出現的技

---

[93] 中國南方的樹皮布打棒多無柄；日本的樹皮布打棒是無帶槽；台灣是有柄且帶槽。各自有特色。

術性變革產物。

至於台灣獨有的製品「台灣特有型」，無疑是為台灣人群的本土創造，這部分器物的性質多屬象徵、精神層面，代表核心已是一種再造的新文化。

最後，再以時間軸檢視這個發生過程，結果雖略有微妙，但大致亦頗合理：直接傳播產物的出現時間通常最早；轉化形產物的出現時間稍晚；特有形的發生則最晚。綜言之，當泛外來文化藉由人或其他方式進入台灣後，部分被完整複製使用，部分被轉形附予新的適應功能，最終則在本島創造出現某些共同的新意識（圖 9-9）。

上述的新意識是如何生成？看來在本土化過程中又以將海洋資源利用轉換成山林農業經營最具決定性，說明如下：

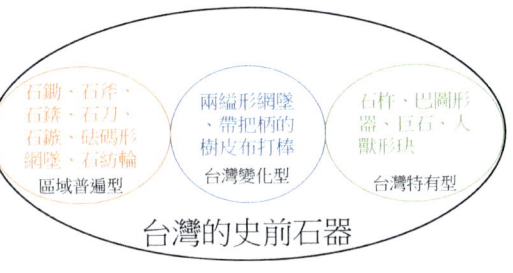

圖 9-9　台灣史前石器的類型

（一）台灣農業的起始遠遠早於東亞各島嶼，至少在距今 5,000 年前就有稻米、小米等穀類作物農業，其中小米作物已是其生長分布帶的南緣，卻從史前至今仍一直占有重要地位。多樣的植物與穀類雜糧的利用讓這座島嶼的人群始終沒有食糧匱乏的跡象。

（二）史前遺址出土甚多各種農業相關器物，如石鋤、石刀、石鐮、石杵等，農具廣泛分布至全島，部分還延續到近代。又如大量出土的斧、錛也是伐墾土地、利用林木的證明。各種資料指向山林燒墾是歷來台灣主要的生業方式。

（三）出現了各種與農業相關的精神象徵物，如巴圖形器、石杵，

或是巨石中的岩棺、單石、石柱（陳有貝 2016a）。此等乃是農業發展至一定程度後，社會出現祭儀行為現象的產物。因島外他地全然無相同發現，故其器物與行為皆堪稱台灣獨一無二的特色。

（四）不乏如卑南遺址等，屬長期、穩定、大型化的定居型聚落，此乃農業發達社會的常有現象。

（五）不少墓葬出土為數眾多的陪葬品，且內容數量與種類不一，部分還屬特化專用的產物，顯示複雜社會中可能的性別分工、專業分工、階層制，及人群成員的不同所屬等。

（六）原有的海洋漁業凋零，改行山林內陸的溪、河、湖泊之淡水域漁業，是個人於農暇期間進行的兼業活動。同時這也是意味著食文化（食物、器皿、行為）的改變。

（七）「土地」是農業的基礎，價值意識從海洋之「外地」回歸到村落旁之「領地」，於是以村落及土地為中心的觀念逐步形成。近代我們仍看到「土地與聚落」是為原住民最重視的空間概念。

總之，外來人群結合了本土生態重新創造的山林農業就成為日後台灣文化的基礎。

圖 9-10　台灣史前農業的特徵
- 很早出現的穀類農作
- 長時期的普遍發展
- 以山林燒墾方式運用在山坡地
- 出現農業相關的精神象徵物
- 出現大型定居聚落
- 出現分工的複雜化社會
- 漁業活動凋零
- 重視領地觀念

四、結論

　　本章重點在說明新石器時代以來的台灣化形成過程。以外來人群而言，大致出現有兩個顯著階段，分別是 6,000 年前帶入新石器時代文化，以及約 2,000 年前帶入鐵器的人群。前者攜入原南島語族特質；後者是附著有大陸漢人文化影響的平埔文化。此外，還不能忽略若干東南亞人群與要素，其特質主要反映在 2,000 年前以後的台灣。

　　因台灣的生態條件導致原偏向海洋生業的人群轉入山林，從事資源較為穩定的穀類作物農業，並應用著東亞暖溫帶傳來的知識、技術與物質，部分屬生活技術層次者直接被複製使用，有些則適應台灣新環境而被重新改造，但最終於精神面層次形成台灣獨有的意識產物。

　　以史前長遠的視程看來，南島語人、本島山林生態、暖溫帶文化的影響、長期的農業行為即是構成台灣文化的共同根本。近代台灣原住民文化雖常給有多族群的複雜印象，但卻在整體上卻有些基本相同，原因亦在此類底層基礎的類似。

圖 9-11　山林中的史前遺址呈現台灣文化基礎特色（巴蘭遺址）

肆

族群的形成

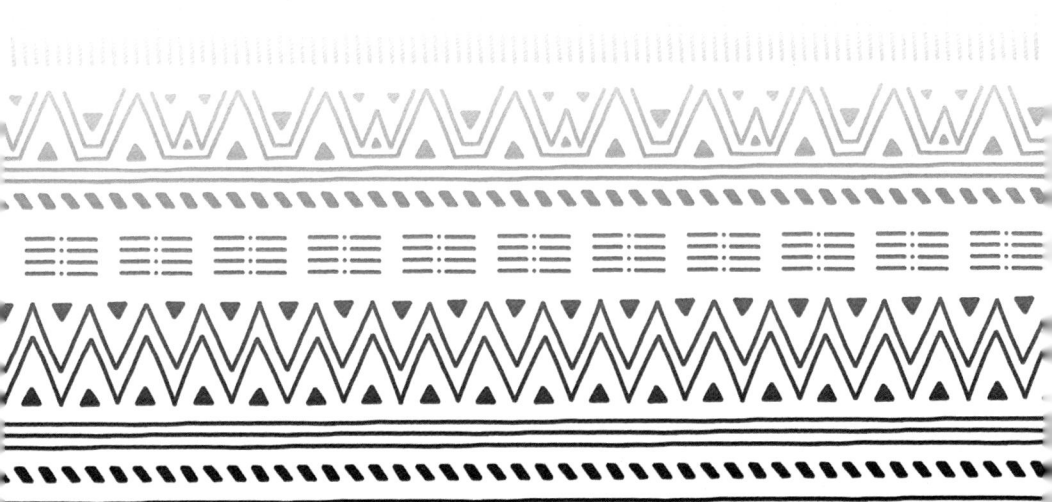

第十章
族群形成的首部曲:線索
——石杵與巨石

　　對於族群,一般常易於想像成若現代有個族群 A,那麼他們一定會有個古代祖先,藉著日後子孫繁衍,才形成今日所見的 A 族群模樣。然事實卻是:今日學術上多主張「族群」乃是各情境下生成的文化產物,少有長期、純正、直屬的祖先[94]。所以要瞭解族群的形成,在概念上必須回歸古代情境,慎從近代現象便直接推衍過去。

　　現代學術亦強調所謂族群現象乃是一個動態過程,即使今日仍隨時在崩解與重塑。且基於各族群內部的集體凝結力不一,故很難用種客觀的計測標準一體適用於所有。因之對於台灣的族群形成問題,研究上要完成一個純粹歷史式的時序陳述恐怕並不容易(尤其以殘缺的考古資料而言),相對上從人類學式的過程模式認識或許是較可行的方向。

　　首先,第一步的觀察是:我們在考古調查中發現有某些具有特殊意義的遺物似乎是集中或侷限地出現於特定的範圍,這類資料透露著某類人群集體的分布訊息,部分或可能還是族群形成的前兆。

---

[94] 或說只有文化的祖先,沒有血緣的祖先,就算所謂的種族,也是文化對婚姻選擇的結果。而族群不僅是文化的產物,有時還是研究者的產物。

一、石杵

（一）發現

19世紀初期，日本人文助因遭遇船難漂流至台灣東部秀姑巒溪旁的阿美族村落，在當地生活了數年後才回到日本，據他的回憶所寫成的見聞錄《漂流台灣チョプラン嶋之記：享和三年癸亥》（秦貞廉 1940）中曾有一種石杵的圖畫（圖10-1）。文助確實曾親眼目睹了阿美族的石杵，成為最早留下這種特殊石杵之文獻資料紀錄者。

有了影像紀錄工具之後，同樣在東部原住民的早期照片中也有石杵的蹤影，擅用相機的鳥居龍藏就攝有阿美族婦人正在製作石杵的照片（圖10-2），拍照的時間點可能在20世紀初左右。

圖10-1 文助看到的阿美族石杵與臼（秦貞廉 1940）

圖10-2 阿美人製造石杵（阮昌銳 1969）

民族學者也對上述的石杵器物感到興趣，日治時期的國分直一（1981a：435-436）便提到台北帝大土俗人種學教室中有一件採集自阿美族之造型特殊的「石杵」（圖10-3），後續的研究者也有不少圖繪和相關的描述記載（阮昌銳 1969：268；陳奇祿、唐美君 1958：84）。

而事實在今日東部的民俗相關博物館或民間藝品店內都還可以

第十章　族群形成的首部曲：線索──石杵與巨石　165

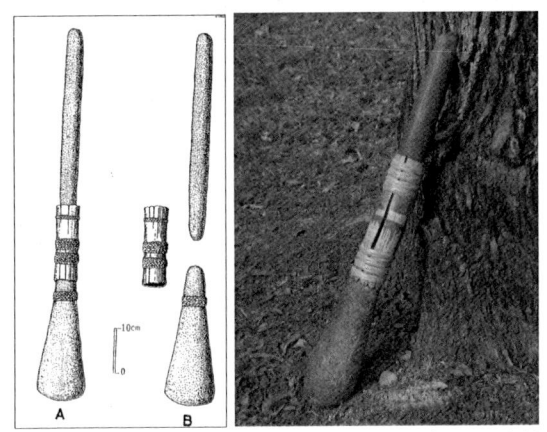

圖 10-3　民族學收集的石杵（國分直一 1981a）與現代的石杵

看到同樣的石杵，反映它的使用應該延續至很晚，而且無疑是近代東部原住民生活中所擁有並且使用的重要器物。

可以根據文獻的描述，或是拆解、觀察現有的石杵，便能發現這種石杵的柄部和打擊部都是石製，常以千枚岩琢打製成，一般是柄部的圓徑較小，呈長圓柱狀；槌擊部的圓徑較大，有些將打擊面做得更寬，略呈圓錐狀。而連接石製的柄部和槌擊部之間則是以木或竹做成套管，再用藤製的繩索綑綁箍緊。石杵的重量較大，中間所以用木竹接合，除了可節省製作工時外（無須製作整件石杵），還可以避免因重量過大，不易操作，並保持適當的彈性，防止器身因槌擊而破損[95]。對於這類石杵，也可稱之為「接合式石杵」（陳有貝 2013）。

（二）民族學的研究

一個頗令人好奇的疑問是：世界上各地農業社會的「杵」通常

---

[95] 日治時期曾記錄在台東廳卑南社所見之石杵，提到其中間選用竹製套筒的目的是為了避免石製品的折損（台灣總督府殖產局編 1921：89-90）。

是木製,為何唯獨這個地區偏好石製?若不是它具有某些獨特的功能,便一定是對當地社會有特別的意義,人們才會製造、使用這麼一個怪異、特化的器物!

杵,是世界各地農業社會極常見的用具,無論是用來搗剝穀類作物的穀殼以取出中間可食的穀粒,或是將各種食物搗打成黏稠狀以製成各種食用品(如麻糬、糕餅),杵的存在相當廣泛。以台灣原住民社會而言,如《噶瑪蘭廳志・卷五下風俗下番俗》云:「番無碾米之具,以大木為臼,直木為杵,帶穗舂令脫粟,計足供一日之食。男女同作,率以為常」(陳淑均 1993)。或是《重修福建台灣府志・卷六風俗土番風俗》:「米無隔宿,臨炊時合番婦三、五各執木杵以手舂之」(劉良璧 1961)。《鳳山縣志・卷之七風土志番俗》:「臼……鑿其面如鍋底,盛米於內,番婦執杵以舂」(陳文達 1993)。種種皆說明了杵在原住民日常生活中的實際用途。

以木質材料製杵的主要理由應該是和重量、硬度、彈性等性質有關。適當的材質有助於各方面的效率,例如製造時遠比石質材料簡易,使用時避免付出大量的勞力,撞擊時不會太堅硬而過度粉碎對象物。因為如此,選用木質做杵便成為人類普同的選擇了。

相對而言,石製的杵無論是製造或使用都需要大量的勞力,就經濟成本而言無疑是絕對不利。如圖 10-2 中的阿美婦人手握鐵刀,仔細地琢打製作著石杵,想必一定要花費很大的時間與勞力代價才能完成一件製品。

從現實層面,石杵真是難以理解!但是如果我們反省為何會有這種反應,主要原因恐怕是一般常以經濟效益來衡量人類的行為,若從這個觀點,石杵的代價當然超過木杵甚多,成為一種「不合理」的產物。這明白是一種偏見,現代社會也有很多不合經濟效益的行為,過去以來的原住民社會當然並無特異。所以重點就是石杵究竟

對其社會有何等層面的意義？

關於上述，從民族學的調查資料可得到以下結論（陳有貝 2013）：

花東地方有石杵也有木杵，兩種器物是並存於社會，並非互斥，這表示兩者各有不同的功能。據調查，石杵的功能除了能搗打舂米外，尚強調在「製成糕餅」的用途，這是個重要線索，參考對阿美族的田野紀錄常可見：以石杵搥搗蒸熟的小米糰，以產生具黏性的麻糬糕餅。據此便能連結了小米—石杵—糕餅的意義。

凡文化人類學者都瞭解小米是台灣原住民最重要的農作，這不只因小米作為一種食糧，而且是在社會中占有極重要的精神意義。一年間，舉凡各種與小米有關的活動如耕地選擇、播種、收穫、食物製作等幾乎都有關聯的儀式。尤對阿美族而言，小米無疑是帶有神聖意涵的農作與食物（古野清人 1945）。

在如此情境下，那麼將小米處理變成糕餅象徵物的石杵當然也是附著有神聖性，類似例證[96]在世界各地風俗都很常見。由此我們便不難理解為何一定要堅持勞費心力來製作石杵、使用石杵，又或許正是大量的勞力付出才能突顯出其神聖性，這對阿美族人是必要而且合乎理性。

現在已經沒有資料可以查證圖 10-2 中正在製作石杵的婦人是否是一位巫師？否則就更能增加石杵神聖性的說法。

（三）考古學的研究

其次的疑問是石杵到底從什麼時候開始被發明、使用？

在花東地區的史前遺址中經常可見到一種具有圓柱體的外貌，長約 20～30 公分，寬徑約集中在 4～7 公分，多選用千枚岩，通體

---

[96] 即進行儀式行為的工具通常也具有神聖性。

琢打製成的器物，考古學界也稱之為「石杵」（圖 10-4）。觀察考古的石杵和近代石杵的石質部在外形與材質皆非常類似，而且出現地幾無二致，故應該可以肯定地兩者是同種器物。

圖 10-4　花東地區史前遺址出土的石杵（左：芳寮遺址；右：老番社遺址，黃士強提供）

所以藉由前節所述的民族學研究，我們知道這種石杵的功能與意義，而現在藉由考古資料，便可以追溯這種行為、儀式風俗可以早到何時？圖 10-5 是過去研究繪製的台灣考古石杵的出土地點，據此有以下的認識：

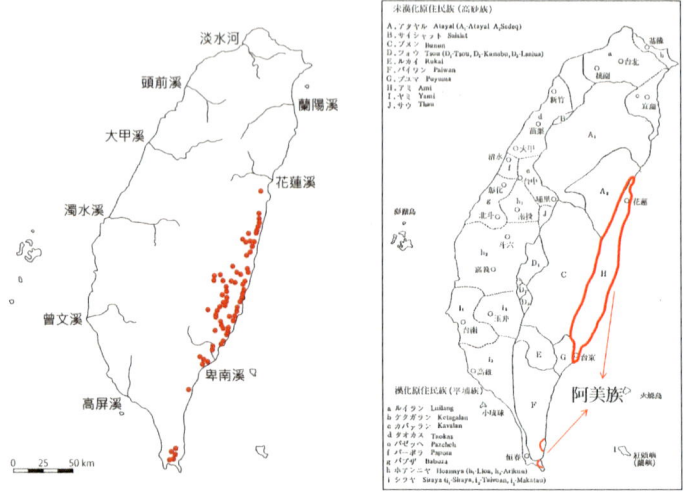

圖 10-5　台灣考古石杵的出土地點（左）與阿美族分布（右）

1. 在空間位置上，石杵主要分布在花東沿海與縱谷一帶，部分見於恆春半島最南端。這個分布狀態的最重要意義是它的範圍幾乎和近代所知阿美族的分布地一致（包括花東海岸、縱谷地區以及恆春半島一角）。離開了花東地區，無論是島內、島外便一律看不到同樣的石杵，排他性非常明確。
2. 在時間方面，史前的石杵大致在距今3,000多年前已經大量出現，無間斷地延續到晚近，各個時期的出土數量都呈現著普遍、無減少之趨勢。換言之，東部地區的「石杵行為」是從史前時期形成後便一直持續至今。

因為使用石杵是附有特殊的象徵性、神聖性意義，所以便不只是單純的功能形式作為，而是和文化的傳承、人群的意識相關。這就難怪「石杵文化」可以歷數千年而不斷，即使遷移至他鄉（恆春[97]）仍然堅定不離。

（四）石杵的啟示

民族學與考古學資料同時都肯定了石杵是阿美族人的特有器物，它具有杵的客觀功能，然意義上已不是純然一般的杵具，而是出自農業社會和信仰、祭儀有關的象徵化產物。

從石杵的時空存在，令人不得不相信花東地區的人群從數千年前便開始有著類同的精神信仰與行為，而在人群的緊密來往互動中，這個共同文化得以長時間於同區域內承傳至今。就某種角度而言，他們應該可以稱得上是今日阿美人群的祖先了。

有些民族學研究引阿美族的若干傳說認為本族來自數百年前的海外。但以石杵的現象看來，東部的古代阿美文化一直都在，若有

---

[97] 恆春的阿美族是晚近的年代遷入，當地仍有石杵發現。

部分外來人口，最後必也是被融入當地的文化環境中，成為新的阿美人[98]。

二、巨石

（一）台灣巨石的研究

有了石杵的例子，我們還可以發現不少類似的證據，巨石便是其一。

考古上所稱的「巨石文化」泛指人類對巨大石頭的加工行為，在世界各地不乏發現，可視成一種普同行為，故各種巨石文化之間不一定存有必然的關係。

台灣的巨石發現在 19 世紀末（鳥居龍藏 1897），歷年來亦有不少研究，對於它們的來源、功能、意義都有若干說法。大體而言，早期可舉鹿野忠雄與宋文薰等二人的研究最具代表性。

鹿野在 1930 年代曾經對台灣東部的巨石發表看法，其論點大致如下（鹿野忠雄 1930a，1930b）：

1. 石柱、岩棺、石壁、石輪等常常暴露於地表上的巨石遺構其實是和埋藏於地下的遺物有關（意指是同一史前時期的人群所有）。
2. 台灣的巨石遺構僅出現在東部的海岸地帶，而且和當地的原住民如阿美族、卑南族、排灣族有某程度的關聯性。
3. 可以根據當地的傳說來瞭解巨石的功能，而其中的岩棺乃是當地階級社會的產物。

鹿野提示了不少巨石問題的重點，不過根據新的資料，他的結論務必再做些調整。如上述的第一點還可以再增加若干其他的巨石種類；第二點是應該將海岸地帶修正為東部整個地區（包括海岸與

---

[98] 循同樣的道理也可以理解為何可說：阿美族的祖先並不一定是阿美族。

縱谷）；第三點是神話和傳說只是反映文化的一種產物，不一定是真正發生過的史實，所以借用於考古研究時須帶相當的保留態度。至於岩棺是否為階級社會的產物？這想法應是受到日本古代社會之古墳墓葬[99]的影響，史前台灣社會並沒有具體嚴明的階級存在。

　　鹿野忠雄（1946）後來又在《東南亞民族學先史學研究》中進一步對個別的巨石遺構分析說明，並認為台灣岩棺應和東南亞的石造物有親緣關係。這個推測並無具體證據可以支持，反倒是突顯了台灣巨石脈絡不明的狀況。

　　到了二次戰後，相關巨石的研究成果首推宋文薰（1976），他列舉當時發現的各種巨石，統合、分析這些遺構所存在的時間、空間，最後綜合性地提出了「巨石文化」之概念。取其中要點如下：

1. 台灣巨石遺構的種類包含了石輪、石像、單石、石柱、石壁、岩棺等（圖 10-6），這些遺構常常一起交叉出現，呈現出彼此的

圖 10-6　台灣的各種巨石（由左而右上排：石輪、單石、石柱；下排：石壁、岩棺、卑南石柱）

註：卑南石柱並不在宋文薰對巨石文化的定義內。

---

[99] 古墳指的是日本在 3 世紀以來數百年間所建的大型墳墓，常用以埋葬親貴皇族，是國家制度或階級社會的產物。古墳中的石棺和台灣的岩棺外形確有相似之處，然各自社會狀態的差異不容忽略。

關聯性。對於各種巨石的功能雖然無法知道（驗證），但推測應是和宗教、祭儀等精神層面的活動有關。
2. 台灣東部的地理區可以分成海岸區和縱谷區，巨石遺構僅分布在海岸區，巨石的所有者消失後，阿美族才來到東部。至於縱谷區，主要是以板岩石柱和組合式石板棺為特色的另一個族群所占據，他們和巨石文化人明顯不同。
3. 單石也是巨石文化中的一個要項，某些遺址甚至可以發現超過100件以上的單石。根據麒麟遺址的出土脈絡，單石應該是家屋附近之祭祀建築的一個構件。

到了1980年代以後，台大考古隊針對卑南遺址進行多次的搶救發掘，從中認識各種出土物，尤其是板岩組合式石棺與精美玉器陪葬品更是別具特色。於是據此定義了縱谷地區的卑南文化，並以此和海岸地區的巨石文化（或稱麒麟文化）區別。

至此，巨石文化的觀念體系幾近成形，其概念主要來自巨石的種類、精神層面的意義，以及與卑南文化的相對性等。

但到了1990年代，隨著考古出土資料的增加又開始對上述說法產生疑問。其一是所謂巨石文化僅限於海岸地區的問題，因為後來在縱谷區也找到了不少巨石遺構，再加上其他輔助資料的澄清，所以有研究者認為應該將卑南文化與巨石文化合併為同一文化（朱正宜1990）；有些則主張是一個文化，其下再分為兩個次類型（郭素秋1995；趙金勇1994）。但是最基本的問題恐怕還是考古學文化的定義與分類問題，因為巨石文化是根據巨石遺留所界定；卑南文化的定義是陶片、石棺與陪葬品，彼此的分類基準不同，當然容易引起混亂（陳有貝2016a）。唯一之途應該是深入認識巨石的功能或意義，落實於背後的人群與文化的探討，才能打開這個僵局。

（二）種類與功能

由於巨石是台灣很特殊的文化表現，故以下有必要先循著過去的認識基礎，再加上新的資料與研究，分別一一說明各種巨石可能的功能與意義：

1. 石輪

外形為環狀，中央處帶一孔，孔徑約 10～20 公分不等，外環的直徑常見 50～60 公分，惟大小的變異程度亦高。本體重量大，但仍可搬運，功能方面，過去曾有「防鼠板」或「貨幣」的說法（植木武 1978：77-100），不過都是初步推測居多，可信度不足[100]。

近來從若干史前遺址的發掘中發現到石輪出土於房屋地板的中央（圖 10-7），由此顯示它很可能是固定建築主要屋柱的基礎石。因為石輪有一定的重量，中央又有刻意打穿的孔，因此用來穩固主屋柱是個極合理的設計。在世界各地風俗中，不少建築的礎石都附有象徵意義，或許台灣的石輪也有這層含意。

圖 10-7　石輪出土於房屋地板的中央

2. 岩棺

台灣考古中有一種被稱為「組合式石板棺」的墓葬形式，此以

---
[100] 民族學所見的防鼠板多木製；史前台灣社會無貨幣制度。

多片石板拼合成棺具,內部常有人骨或陪葬品;「岩棺」則不同。岩棺的基本要件是在大型岩盤上或使用一整件岩塊雕製而成,中央挖空如棺狀,不少還在底部帶一小孔,部分外壁亦有雕刻。岩棺的本體頗重,有些甚至直接雕刻在岩盤上,無法移動,故是現地的產物。問題是它的功能?有趣的是岩棺的數量少,而且從未居中發現人骨或陪葬品,所以真正作為埋葬用棺的可能性不高。

　　上述的岩棺底面帶孔是一個重要線索,提示它可能是用來承載液體,當地的阿美族有個說法提到它是祈雨、裝水的器物。近代農民特別在山坡開墾時,因為需要保持灌溉用水源,常常就現地挖坑或製作大型容器以做儲水之用,史前時代的山地開墾不無可能也有類似的措施。重點是如果僅為了單純的「儲水槽」,為何要花費大量的勞力代價刻意去挖鑿巨大的岩石(圖10-8)?純從效益面考量會令人難以理解。所以循此,如果是和「祈雨」有關,而不只是一個單純的實用功能目的,那麼付出更大代價去完成這個含有祭祀意義的器物就有其道理。

　　距離台灣島頗近的琉球與那國島亦有和岩棺外形非常類似的器物(圖10-8),底部亦帶有一孔,傳聞也是用來作為儲水槽使用。但在未深入研究前,尚不宜輕率地指它一定和台灣的岩棺有類緣傳播關係。

圖 10-8　台灣的岩棺(左)及與那國島的石製儲水槽(右)

3. 石壁

　　石壁是垂直立於地面，如牆壁般的石造物，特徵是壁面會有特別的雕刻加工。若有類似外形但壁面沒有加工的話，常只是一般家屋的牆面，無法證實具有象徵含意，不宜立即視此類為典型巨石文化產物。

　　未見壁面加工者如在花蓮的富源遺址所見的石板遺構，考古發掘在壁面前的探坑中出土家屋的地板及多量遺物（陳有貝等2016），顯示這座石板遺構確實是家屋結構的一面牆壁，至於是否有象徵意義便難以論定。有壁面加工者如寧埔遺址與都蘭遺址（圖10-9）所見，1995年於附近的發掘中僅有極少量遺物出土（連照美1996），表示它並非屬於一般住屋，而是聚落外的一種特殊結構物。藉以上兩類遺構物的比較，便可理解巨石文化中的石壁乃含有非實用性之象徵意義。

圖 10-9　都蘭遺址的石壁

4. 石柱

　　石柱是矗立於地面上的大型柱狀石造物，有時在柱面可見加工。石柱亦有可能是建築結構的一部分，但是因為外形相當巨大，所以推測也是具有某種特定意義。典型如舞鶴遺址[101]的石柱，高者約6公尺，在2013年當地的發掘中出土了考古遺物（郭素秋2013）。另如卑南遺址著名的月形石柱[102]應也屬同類（圖10-6）。

---

[101] 現已改稱 Satokoay 遺址。
[102] 傳統觀點傾向從石材的角度認為它非屬巨石文化。

石柱非常顯目地立於地表面,因此除了當時最早建造的人群外,後來者仍會賦予其意義。例如今日已有原住民認為它是祖先起源的象徵物,當然這個認知是基於現代思惟而來,和最初的意義通常無關。目前對於建造史前石柱的目的仍不甚明。

5. 單石

單石乃立於地面,外形較小的柱狀石造物。早期對於單石的定義主要有「帶肩」與「帶槽」等兩種類型(圖10-10),另外有少數形狀似「人像」者亦屬之(宋文薰1976)。近來對於單石的定義漸寬,凡外形似柱狀的石造物皆有被納入本類的趨勢。

圖 10-10　東部當地居民收集的單石(由左至右,1、8:石輪;2、5、7、9:帶肩型單石;3、4、6:帶槽型單石)

單石是台灣數量最多、分布最廣的巨石文化遺構,它的功能和農業發展應該有很密切的關聯,證據與解釋簡述如下(陳有貝2016a):

歷來資料顯示,單石的數量大,尤多見立於聚落外的坡地面,所在地並不一定埋藏有豐富的文化層或其他遺物,反而以農業用的打製石斧最常伴隨出土。由此,「與耕地或農業活動相關」便是對單石的首要認識。

農業是台灣原住民最重要的生業活動,他們通常選擇在聚落附近的山坡地施行農作,其中以小米種植最被重視,普遍被視為具有神聖性,這種情形尤以居住於東部地區的阿美族為最。因農業活動

常伴隨著祭儀行為，因此耕地旁的單石很可能便是附有象徵意義的儀式產物。現在有些阿美族的農田中仍立有小型的柱狀石（尹意智 2014），或是穀倉底下也立有類似的石頭（千々岩助太郎 1960），這些也許都和古代傳留下的習俗相關。

（三）巨石行為的意義

結合上述對台灣巨石之現象、功能與意義等認識，現在可作如下的重新說明：

1. 各種類的巨石遺構雖不是全部一併出現，但在同一遺址中經常可見到兩種以上的巨石，如此重覆交錯組成一個整體概念，所以這些遺構應該是屬於同一文化系統的人群所有。
2. 巨石遺構普遍分布在台灣東部各地，包括海岸及縱谷區，但出了這個區域外便沒有巨石存在了。這是一個很重要的資訊，因為整個範圍幾乎又和阿美族的分布地相同，故藉此可以推定巨石和阿美族的直接關聯性（與石杵現象相同，參考圖 10-5）。
3. 巨石現象出現於新石器時代，年代的盛期約在距今 3,000 年前，由此反映阿美人文化早期存在於台灣東部的事實。
4. 關於各種巨石遺構的功能與意義，過去僅約略提到應該和宗教與祭祀有關。現在據更多的資料顯示，如石輪是置放屋柱的礎石；岩棺是附有祈雨意義的儲水器；單石則是與農作有關的設置。
5. 人群所以付出較大的勞力製造巨石，是因為多數巨石存在著象徵性質，其中不少和台灣史前農業的發達，以及群體社會複雜化有關。

整理以上各點之結論：巨石是出現在台灣新石器時代東部地區的特定產物，是今日東部主要族群（阿美族）的祖先所創造。當時人群願意付出「非合理」的代價製造巨石，不少原因是和農業生計

的儀式行為有關，如岩棺可能是為了雨水的祈求，單石可能是為了墾殖農地上的豐收儀式，而石輪雖然和生業無關，但也是具有象徵意味的產物。巨石證據的存在一方面突顯當時農業於社會中的重要，另外則是透露了整個東部人群自古以來的同質性。

三、結論：石杵與巨石

比較前面列舉的石杵與各種巨石之資料與推論，其實它們的性質非常相近，甚而把石杵當成巨石的一種也都合理。這些共同性包括：

1. 分布地點都在台灣東部，和阿美族分布區域雷同。本區域以外則完全不見。
2. 皆是花費較大的勞力成本製作，本身的象徵意義大於實用性。
3. 多和小米農業的祭儀行為相關。

總之，石杵和多種巨石互為佐證，它們都是東部人群進行農業祭祀行為的相關物，由這套文化行為的存在，可察知遠在數千年前的東部本地人群即形成了某些共同性，日後還一直停留、傳承於當地。如果族群是一種文化面的定義，那麼我們無疑可稱他們為今日阿美族的祖先了。

第十一章
原住民族群的形成：概念與方法

　　台灣島上從來存在著不少講南島語的人群，大致合計近代初的調查，當時可能約有 15 萬人。歷來學者根據他們在語言、物質、風俗、制度、歷史、認知等方面的差異，共區分出約略有 20 個不同的族群。這個分類體系從 19 世紀末的伊能嘉矩（1898）開始直至今日，其間的修正、改變其實並不大。

　　然而，雖各地人群的差異是可客觀衡量評述，但要注意這些學術分類的結果基本上都只能是一種「現狀表述」，因為研究者對於族群的歷史因子多只能用其神話、傳說取代[103]，這類資料的本質仍是人群有意的創造產物，和歷史事實必然有差距。以致各個原住民族群是如何走向形成近代所見的情狀？其中過程便極少能被學術說明。現在對於這個困境，相當程度只能期待台灣的考古研究了。

　　19 世紀末之日治初期，當日本研究者初次接觸台灣原住民時便開始思索他們的來源。1930 年代，台北帝大土俗人種學講座成立初期，移川子之藏等（1935）揭示進行「高砂族系統研究」之目的在於探查原住民的形成原因與過程。

　　考察這類族群議題，裡面至少包含著兩個重要命題，分別是「來源」與「過程」。目前對於「來源」，考古學者大致認同在中國東南至南方沿海一帶是早期台灣主要人群的來源地，少數則來自東南亞的大陸或海島。至於對「過程」，還顯得難以著力，原因不外乎

---

[103] 例如台北帝大進行的《台湾高砂族系統所屬の研究》。

圖 11-1 明治 44 年（1911）台灣種族別蕃人人口（1912 年台灣總督府發行的原住民人口統計明信片；未含平埔族；國立台灣博物館提供）

殘缺的考古資料很難還原出一系列的族群發展史。

是否還有其他的方式來思考「族群的過程」？在本書的第一章中曾提到整合過去以來對於原住民的多樣狀態可有兩種說法，一個是各族群在不同的時間點從不同原鄉移來台灣，所以在島內形成多族群各自占居的現象。另一個說法是古代某族群來到台灣後，因為生活於島上多樣的環境中，進而在各地適應、分化成獨自不同族群。如此從人類學式的「形成模式」角度來理出原理法則，以取代史學式的描述；將注意力從辨別族群間的要素不同，轉移到同一族群的形成機制，這樣或許可以增加一些全新的認識。

一、族群的要義

早期的研究者對於台灣原住民的族群現象顯然多抱持著必然的本質性存在，忽視族群在不同時序中的變化，或各族群內部是否有

等同的集體性等，在這種前提下尋求對族群間的異質性作解釋，於是才有前述的起源一元論或多元論說法（見第一章）。這個概念影響了台灣長年的考古發展，常見研究者們致力於各種考古學文化的建立、形塑與區辨，以對應於古代族群的存在想像，無視人群間的不同集體狀態。舉一個極易理解的說法，如舊石器時代的「長濱文化」和鐵器時代「蔦松文化」所言的「文化」意義一定是不同，前者的人群集體性與後者必有質與量的落差，無法簡化其間差異。

　　現代文化人類學者對於族群的觀點已有不少改變，如多數主張族群的界定應來自人群的主觀認知。部分亦懷疑其有本質性的存在，而轉向所謂的「建構論」，強調不能化約為靜態的文化內容，也不是生物性或心智能力可決定，更不是列出一些特徵清單就能解決，而是在長期歷史與文化脈絡中才能理出的一種自我宣稱或被認定的過程（林開世 2014：226）。簡單而言，「族群」有點像將人群進行標籤化的作為，而且背後是可以有意操作。

　　透過歷史文獻與可靠的實地田野調查，不少案例皆顯示近代台灣島內的人群移動乃是相當頻繁複雜。如林曜同（2016）於荖濃溪上游區域的研究中觀察了同一區域間存在各個不同族群之遷徙、通婚、貿易等多元的互動關係，再次強調是日本殖民時期才逐漸以近代的「種族」、「民族」、「族群」等分類概念建構各部落或人群，若據荷蘭人對於荖濃溪上游的各種人群調查文獻，顯然當時各部落仍然處於互不統屬、相對自主的狀態。

　　藉由標籤化，無疑可增強人群間有意或無意的共同行為，然而在此之前的人群是否完全不需具備某些客觀共同性或主觀共識？這個基礎是不是馬克思主義所言的血緣或地緣？台灣史前的族群過程是否存有模式？這些都必要結合族群理論與考古資料，才有解開歷來疑問的機會。

二、古代族群與考古研究

人類的集體現象和一般生物不同,主要因為人群體系內摻雜了眾多文化因素,使得群體集結的成因與解釋都變得複雜,例如以狩獵、採集維生的北海道愛奴人的族群便和台灣以農業為主的原住民族群狀態不同[104]。更何況在不同的年代時間與地理空間中的人群變異性。如今日所說的人類「族群」多是以「意識認同」為判定基準,那麼有無「沒有意識認同」或是缺乏「族群認知」的群體集合呢?至少「族群意識的強與弱」之差別也必會存在。所以,在討論台灣的族群問題之前,對於所謂的族群概念應該先有適度的定位。

學術上常引 Service(1975)(圖 11-2)的經典說法,將人類的社會型態分為游群(Band)、部落(Tribe)、酋邦(Chiefdom)與國家(State)等階段,每種型態之人群的關係與結構不同,這是比較常見又簡潔有力的表達。

游群 Band ⇒ 部落 Tribe ⇒ 酋邦 Chiefdom ⇒ 國家 State
台灣?

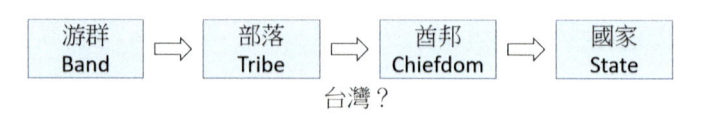

圖 11-2　Elman Service 對社會型態的分類;台灣在部落與酋邦之間?

若涉及歷史過程的解釋論述,當以馬克思主義的社會演化說法[105]最屬經典,此強調人群的集體化乃有階段性的過程與分別,在決定因子方面早期偏重於血緣;晚期則為地緣,對應所結成之團體形式依序為家族、氏族、部落與國家[106]。這類傳統社會演化論雖承受來自各學派的批評,但點出了人群本質應有的歷史變化,且所

---

[104] 可能和生活生業的形式有關,前者的族群共識感明顯低於後者。
[105] 不少出自恩格斯在《家庭、私有制和國家起源》的主張。
[106] 從某些功能觀點也可視為:族群取代了家庭,國家取代了族群,全球化取代了國家。

提幾個概念是頗值得考古研究借為參考，如「血緣與地緣的成因基礎」，或是「以共祖為標幟的氏族團體」等。

上述的社會演化的思想固然失之僵硬，但後續的文化人類學領域也多因缺乏族群的客觀歷史性（文字）資料，或反對建構模式化的人群歷史過程，故對族群議題的關心也多轉至對其內部的運作方式分析。廣域的人類學界惟剩下考古學對人群的歷史性變化較有著墨。

考古學又被稱為「加了時間深度的文化人類學」，理論上是處理無文字人群之過往歷史的最有力學科。然基於個別學科特性（尤其資料面），對於知識的建構與文化人類學有些基本不同，此點仍先須掌握與釐清，如下：

1. 傳統上文化人類學與考古學的研究對象皆為異文化族群、無文字社會，強調親身觀察獲取田野第一手資料，故歷來理論概念常有互通之處。惟限於資料本質不同，致使手段方法與結論形式亦有歧異。
2. 考古研究主要面對古代遺留，由此先形成對物質文化的認識，再逐步構成文化與人群的論述。這和文化人類學者直接進入文化情境，取自人群觀點的方法有很大差別。
3. 考古資料非但偏袒在物質面，而且多數資料還是零散殘破。可以長久留存的物質器物（如陶、石）往往占據了所有資料的絕對比率，容易腐朽的器物（如木、骨、金屬）卻可能一件不存。
4. 考古研究基於上述方法與資料限制，目標上無法論及文化人類學所理想的視野。舉例而言，塑造一個以物質、外在形象為基礎的「考古學文化」或「史前文化層序表」常常已是考古研究的階段性終點，但這種成果顯然不是文化人類學者可以接受的層次[107]。

---
[107] 難怪不同領域者對於考古學存在些負面的觀感，相關缺點評論可參考如（黃應貴 1997）。

5. 如果文化人類學是強調對社會內貌的浸入式體認，那麼考古學應該是側重於長時限的過程觀察，希望從受限的客觀資料中尋求對古代論述的可行方式。長處尤在擁有長遠的眼界以評價人類的文化過程，客觀具體地科學性看待人類行為的關鍵。

總之，對於古代無文字族群的長期形成過程，考古學仍是最具潛力可以建立一套合乎學科性質的解釋說法。

三、台灣考古的族群研究與方法

約於 19 世紀末，大抵出自當時學術潮流對人種議題的關心，鳥居龍藏（1925）注意到台灣原住民的人群特性歸屬，推測應該是南方的馬來—印度尼西亞系統[108]。後來不少研究者也多抱持相同意見，零零星星的說法出現於各種文章、報導，然始終沒有引發深一層的討論，原因除了體質的研究有限外，和面對無文字的原住民社會不易取得足夠可信的歷史性線索亦有關。

相對而言，研究者顯然有充裕的資料與興趣探討原住民的現況與各人群間的異同比較，並企圖以完成族群的分類體系為目標，如伊能嘉矩、移川子之藏等，島內的族群分類無疑曾是個眾所關心的熱門課題。然而，一個共同的問題是所有分類的基準仍是著重於文化的「現狀元素」，缺少可信的歷史來源成分[109]，這種結果當然無法有效指引出古代原住民族群的實態，甚至暗示著史前台灣也是有著類似近代的族群狀態！

另一方面，考古學者大致也秉持「多族群存在」的前提，沿用「考古學文化」的概念將各種資料分門別類、比較異同，以畫出一

---

[108] 即近於今日所稱南島語族系統。
[109] 如果我們回想林奈的生物分類，就不難理解為何缺乏演化過程的認識將容易誤導分類的結果。所以，歷史認識仍是進行分類時的必要參考。

個標有時空框架的史前文化層序表為目標。這種圖表可以顯示區域物質文化的差異,並呼應台灣的多族群現象,如早期建構這類表格的宋文薰(1980:127-128)便曾表示「史前文化單位之間的差異,有若現在的土著族⋯⋯之間的差異」。對這個聲明,不妨看成是一種「目標」或「理想」,不能忽視其和現實可能有相當的差距(圖11-3)。

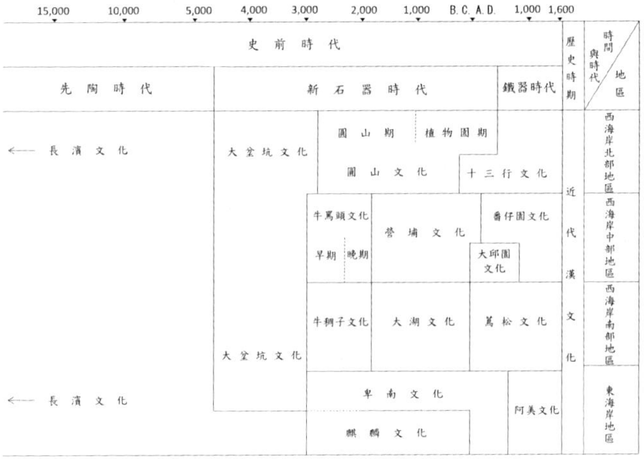

圖 11-3　1980 年代以來常見的史前文化層序表之一例(連照美、宋文薰 1986)

後來陸續皆有研究者表達對考古學文化的看法,大抵內容都相近,至今說法仍如「具有相近的時間、空間分布,及相似且普遍的器物與器物組合⋯⋯則可視為一考古文化」(陸泰龍 2018:58)。有些則極力講求定義的完整,強調須涵蓋時間、空間、墓葬、遺物的外形、技術等特徵的相同(郭素秋 2018:133)。但是,熟悉考古資料者便一定知道能符合上述定義的遺址發現恐怕少之又少。而更根本的問題還在:即使是同個族群的各村落、人群,難道必定會表現地如此一致?甚至現在的文化人類學者對於族群本體實質的存在與否也都懷疑。看來考古學者該要注意所謂的「考古學文化」會不

會只是落入自我的想像與創造。

我們可以把建立「考古學文化」當成某種研究方法的中間過程，甚至隨著研究的目的而修改考古學文化[110]，但很難直接用來當成解釋過去的實質單位。只是研究者似乎有意無意地避開這類質疑，甚而把建立「史前文化層序表」當成研究的終點了。

到了1990年代，相關紛爭終於還是被檯面化[111]。研究者在一份演講報告中嘗試直接將史前的考古學文化對應於近代原住民各族（劉益昌1995），這個做法的理論層次單純，容易被理解、接受與研究實踐。但果不其然便在學界間引發了不少評論，反對者稱：族群在歷史過程中會變動，所以現在所看到的原住民並非一定與古代相同，這是理論面的質疑。而方法上的不當則是把考古學文化直接等同視為古代族群使用。

如何把台灣考古長年辛苦建立的考古學文化化為對族群的敘述？現況似乎束手無策，惟可堅信研究人員內心始終沒有忘記這個重責大任，在某些特定時空的議題中還是屢屢注意到考古學文化與原民族群的關係。例如指出十三行文化為凱達格蘭人的祖先所有；蔦松文化是西拉雅人祖先所有；淇武蘭遺址為噶瑪蘭人祖先遺存；舊香蘭遺址和排灣群的緊密關係等（圖11-4）。

當然上述所以能被「大膽」指出，主要還是這些遺址或考古學

---

[110] 舉例而言，研究者可能因為先發現了台中、台南的考古遺址，將兩地分別設定成典型的考古學文化，若後來再發現了嘉義的遺址便被視為兩地的中間型。這個結果完全是調查史所致，若從嘉義本地的觀點，其自我也可以作為典型。有時發掘者也會傾向以自己所挖的遺址設定考古學文化，因為他掌握了較多的遺留內容，便容易將之當為一個主體，相對於其他遺址，便產生了一個不當的主從概念。

[111] 早期亦有學者提及台灣史前文化與原住民的關係，但一來多不是偏重考古資料的角度（如地質學者林朝棨、語言學者費羅禮等），再則他們的重點在於討論台灣住民的來源與方向，而非考古文化與原住民關係。

文化的年代已較晚近，和 17 世紀以來的近代原住民之間基本上並無其他異質性文化的存在，有些遺址的年代甚至已經直接連結至歷史時期。但對於年代久遠者，至少便先面臨著以下兩個難題：

十三行文化	→	凱達格蘭族
淇武蘭遺址	→	噶瑪蘭族
蔦松文化	→	西拉雅族
舊香蘭遺址	→	排灣族

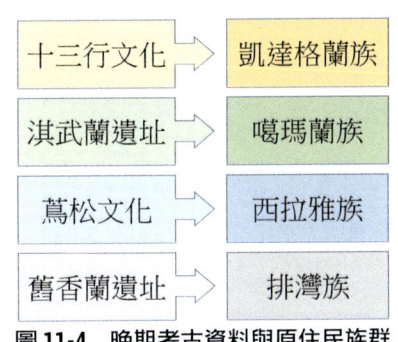

圖 11-4 晚期考古資料與原住民族群的關係

（一）古代族群形態與近代原住民族群的定義不必然相同，尤其年代愈古老，生活方式與近代的差異愈大，就更難用晚近族群概念加諸於古代人群。

（二）有些古代族群在時代過程中可能消失或大幅度改變，這類族群的資料相當殘缺，難以用近代我們所見的概念去比擬、復原或創造。

當然最終還是在如何尋求適當的研究方法，以目前台灣考古學界所仰賴的「考古學文化」概念及所建構的「史前文化層序表」顯然多有極限，難以連結解釋到人群的狀態。舉例如：東部地區從新石器時代晚期到進入鐵器時代後，原有的考古學文化（如卑南文化、麒麟文化）幾乎已完全被定義成為另一個新文化（阿美文化）。然而真正造成當時生活大轉變的主因可能只是鐵器的出現，這是一種技術的變革，不一定和人群的不同有關。沒有理由相信在當時，所有地域人群會突發式地在同時間完全離開或消失，真相很可能只是因為鐵器的快速散播而改變了原有生活形態而已。

尤其以某些表象器物建構的考古學文化，這類更與族群沒有必要是一對一的對應。如台灣鐵器時代北部平原的十三行文化遺址和蘭陽平原遺址的陶器都是風格相近的幾何印紋陶罐，但是前者明顯和凱達格蘭族相關；後者則屬噶瑪蘭族群。

1980年初，黃士強（1984）發掘台北市芝山岩遺址，認為該遺址下層有多數灰黑陶、彩陶等不同於圓山文化之要素（圖 11-5），故提出有另外設立芝山岩考古文化之必要。若

圖 11-5　芝山岩遺址的彩陶

客觀觀察發掘的出土層位，很明顯的是部分地層確實單獨存在上述的陶器特徵，因此就當時研究概念，另立考古文化的結論是合理。但問題就在其年代、地點都在圓山文化的時空範疇內，導致學界亦有反對之聲音，認為芝山岩遺址的存在不夠全面，文化不足具代表性，故應併同於圓山文化，從而兩方陷入出土物的異同爭辯中。試想，一個遺址出土了個別特殊、少見於他處的遺物的背後意義是什麼？解開此點歷史事實應該要比討論是否為一個考古學文化重要多了。

黃士強（1985）的後續研究指出芝山岩文化的極多要素都和大陸東南沿海類似，因而推測是來自於該地。此外，很多要素在後來都納入了圓山文化中，這便是一種在地化的結果。換言之，「外來人群」與「在地化」就是芝山岩遺址告訴我們的事，顯然有時用「人群」概念要比「考古學文化」簡單、直接多了。

四、結論

隨著科技發展，近來有不少希望藉著如 DNA 等生物人類學領域的分析以求突破式的進展[112]，新成果固然大大增添了史前資料的利

---

[112] 不同研究者以生物人類學方法研究台灣史前人群來源，至今仍未見一致性結論，原因包括獲取代表性樣本的困難，及如何處理人群本身的變異度等。

用視野,但是若單純就此解述人類的族群歷史,便是將族群過度視為生物面上的概念。生物性研究可以說明的僅是純粹血緣關係或人群繁衍等,這些都只是族群構成原因的一部分,考古研究應該去除這種迷思,「族群是一種文化現象」,當然要著重文化面的解釋。

本章強調第一應考慮考古學在文化體系與族群的可建構層次,與其過度陷於複雜的歷史脈絡與文化思維,不如有效利用考古學特性,從一個歷史長程的角度理出人群集體化的過程。在方法上應著重「以遺址為單位」,向來學界所使用的「考古學文化」顯然被過度衍生解釋,以考古文化為名,看來只會讓人群／族群研究愈來愈複雜與混淆。考古研究的注意力該回歸到代表著古代聚落的遺址,聚落無疑才是人群互動的基本範圍,及有意義的對外連結單位。

至於資料面,可以尋求代表人群集體性的「關鍵性證物」[113],這類通常多屬於象徵、精神層次,例如我們如果認為族群是人對於自己來源的一種文化認知,那麼涉及「共祖認知」的物證便是一個關鍵,藉由這類遺留的出現、擴散與變化,追溯從人群到族群的形成與發展。

---

[113] 正如前章在分析東部人群狀態時,獨有的象徵性器物(巨石與石杵)就是關鍵性證物。

第十二章
原住民族群的形成：
考古學的關鍵證物

考古研究常見的一個結語是「某某遺址擁有自我特色，也有和其他地區的共同特徵」。這種現象其實不過是一個常態，我們應該進一步分析這些特色特徵的背後意義。

考古研究因應各種目標，對於各種古代器物可以有不同的解釋與分類法則，如「實用與否」也是一種常見的分類基準。一般而言，實用性器物通常是人群和客觀環境互動的產物，跨越族群而存在的情形頗多，例如廣布東亞各地的石斧、石刀、石錛、石鏃等，這類器物的意義便離本文的族群主題較遙遠。非實用性器物通常是流行於某區域間的風格化產物，部分為跨族群存在，常見如若干裝飾物（玦、環、珠……）等。還有另一類象徵物乃和個別風俗、信仰等精神層面的行為有關，比較牽涉有特定族群的意味，例如前面所舉的東部巨石與石杵等。

但擁有共同的風俗信仰行為只是族群成立的基本要件，這類象徵物只能視為族群存在的消極證據，真正決定性的特徵還必須具有我族認同與他族排除的意識，而理論或實際的民族學資料都顯示，這種具體區辨思想通常是和共同祖先的概念一同存立。「共祖」，一方面是建立在牢不可破的血緣關係概念，事實又可藉由文化與人為的方法予以操縱，故成為確保群體存在的最有利設計。於是為了宣揚、鞏固以共祖認知為基礎的集體社會，人群又將共祖概念具體

化，創造了某些象徵物以依附祖先意識，這種例子在世界各地不勝枚舉。

圖 12-1 是將上述的分類概念圖示化。為了不同的研究目的，應該要使用可以對應的資料，如欲瞭解人與環境的互動關係，具實用性的器物便是主角；如果目的是人群／族群問題，那麼象徵性器物就是焦點，其中具有共祖意義的器物更成了關鍵指標。

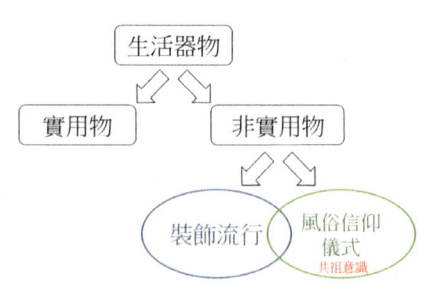

圖 12-1　共祖意識的表現多存在於風俗信仰儀式

一、具象徵意義的考古證物

總之，若是能找到代表共祖的象徵物，不啻就是族群概念出現的積極證據。以下將列舉幾種台灣常見帶有象徵意義的考古發現，循線探索相關問題。

（一）巨石與石杵

在第十章曾對各種巨石與石杵有詳細說明，它們都是從新石器時代以來便出現於東部地區，部分還延續到了近代，一直都是阿美人精神文化中的關聯產物。目前能掌握這類器物多緣自與農業相關行為，帶有儀式象徵意義，但無法確定是否含有共祖意涵[114]。巨石與石杵的現象是東部地區於史前以來即有「特定人群」存在的證明，無論他們各自來源為何，當時確已共享一套類似的精神思想與儀式行為。

---

[114] 某些巨石如舞鶴石柱、都蘭石壁都被原住民定義為祖先源流物，此乃現代人的重新再賦予，和古代原有意義無關。

整體看來，很可能是在共同的環境與生業的基礎上，東部各地的人群一直以來便彼此保持著綿密互動，維持一定的共感，並延續連結至近代的阿美族。換言之，近代所定義的阿美人的祖先其實遠於數千年前便居於東部，我們可以推想他們後來於某個時間點觸發了具體的族群共識，形成近代所認知的阿美族（圖 12-2）。

圖 12-2 阿美族的現代共祖意識標誌物

（二）巴圖形器

此類器物的外形如「匙」狀，器身由柄部和用部所組成，整體磨製精細，有時以一組的數量狀態出現，例證如日治時期出土於台大校園，或是後來於台南的武安宮出土（參見第八章）。

從巴圖形器的製作精緻、外形工整與成組出現等特徵推斷，它也是一種與信仰儀式相關的象徵物。另外從器形的觀察，巴圖形器和農業用的石鋤頗為類似，甚至有些標本的形態特徵就介於實用性的石鋤與象徵性的巴圖形器之間，加強了它的原型是出於農具的說法。

巴圖形器在新石器時代廣見於台灣西部，由於分布地廣，很難說明有和特定的人群相關。而且到了鐵器時代以後，巴圖形器漸少風行，也沒有連結至近代原住民。

一個比較有意義的訊息是巴圖形器的分布似乎和前述的巨石與石杵皆沒有交集，各自相對分布於西部和東部，是否暗示著兩地人群、文化的差異性，仍有待較深入的探討。

(三) 人獸形玦

本類器物的特徵十分鮮明，選用玉質材，通體磨製，一般外形多由雙人及其頭頂上的一隻獸所組成，成品大小多在 3～7 公分之間。人獸形玦的器身使用痕跡不明，難以判斷實際的使用方式。若根據一系列擁有相關外形的器物推測，很可能最初是從玦形耳飾演變而來（宋文薰、連照美 1984），應屬東部玉器工藝技術之發展盛期產物。

人獸形玦在台灣多處遺址皆有發現，包括如北部[115]的芝山岩遺址、東北部的丸山遺址、東部的大坑遺址、港口遺址、石梯坪遺址，到東南部的卑南遺址、老番社遺址、南部的 chula 都有發現，部分出自墓葬陪葬品，部分見於文化層，時代集中在新石器時代晚期，約距今 2,800～2,300 年間（葉美珍 2009）（圖 12-3）。

圖 12-3 充滿象徵意涵的人獸形玦已成為博物館的主題意象

人獸形玦的外形給予人一種充盈著精神意義的直覺印象，可惜沒有研究可進一步說明它的真實含意。從時空分布的角度而言，人獸形玦的分布空間廣，而延續時期短，這點和「共祖器物」的特性並不符合。現實上其他資料的傾向亦是如此，出現人獸形玦的遺址橫跨各區域，各地不可能共享同一種思想形態。暫時只能視人獸形玦是某個時間點的流行產物，這樣的推定似乎也較符合一般對史前台灣的認識。

另外，研究者曾從器物的風格面提出一個值得參考的說法，主

---

[115] 十三行遺址也曾出土 1 件人獸形玦，但被認為是更早時期遺留下的傳世品，非十三行時代所流行使用。

張人獸形玦和一些具有獸形的玦皆有相關，因獸形玦在中國南方皆有類同物，故這種意象很明顯是出自中國南方（葉美珍 2009）。循此，不妨把人獸形玦看成是中國南方文化流傳至台灣後的本土化表現，藉此理解為何它沒有承載著族群共祖的意識，而純粹只是傳播流行的結果。

和上述相近者還有所謂的「雙頭獸」與「三突脊」的耳飾（圖12-4），它們的形態特徵強烈，在台灣島上僅如舊香蘭遺址有少數出土，其他泛見於蘭嶼、菲律賓、越南等東南亞各地，過去即被認為有著濃厚的東南亞風（宋文薰1989），無疑也是島外人群文化影響至台灣島上的產物。舊香蘭遺址的三突脊耳飾出自兩座墓葬的陪葬品，其葬式特殊或和巴丹島風俗相近，暗示所有者亦有可能屬外來者（李坤修 2009）。

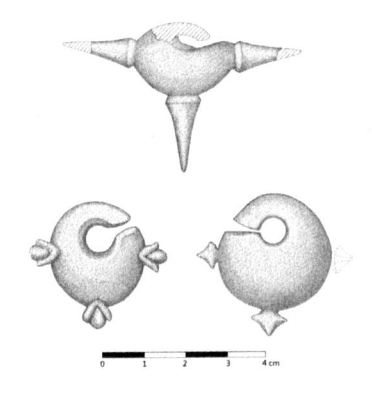

圖 12-4　三突脊耳飾（繪自宋文薰 1989）

（四）鳥首狀器

在西南平原，不少鐵器時代遺址的內容具有普遍類似性，學界歸納稱為蔦松文化。本文化中常見一種外形近似鳥頭狀的陶製器物，實際功能未明，被稱為鳥首狀器。

不同地區或年代出土的鳥首狀器之外形並不一致，有些的頭頂部簡略，有些呈現如一個底徑較大的圓筒狀，真正較為典型似「鳥頭狀」者如蔦松遺址所出土。各類型可能代表從具象寫實到意象化的一種過程，而其共同特徵是筒狀器身的內部中空，頭頂端帶孔，一般長約 10 數公分，徑寬約 4~6 公分（圖 12-5）。

根據「鳥首」似的外形，有研究者比對民族誌資料認為它應該是西拉雅人放置於房屋建築屋頂的象徵性器物，所以某種程度可視為西拉雅族的標誌物（劉克竑 1986）。這種看法的可能性不低，其

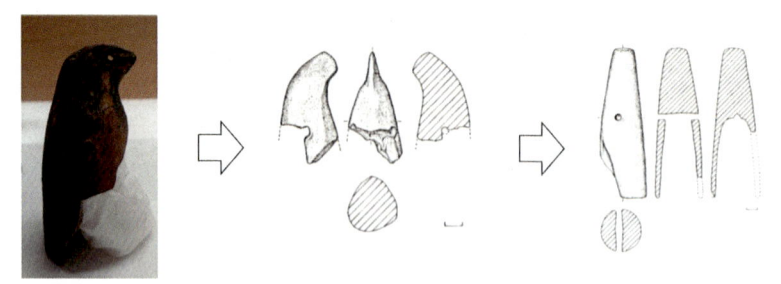

圖 12-5　鳥首狀器的變形

一是鳥首狀器的分布時空相當特定，這個區域大致和廣義的西拉雅人相近，一旦超出其範圍，便沒有相同的器物了。第二是和鳥首狀器一起出土的陶容器也非常固定並具有辨識特徵[116]，其中還包含一類為呈現細緻黑色的泥質小陶器（圖 12-6），常出現在墓葬，形態上的實用性低，亦有看法指出這種器物和西拉雅人的祀壺信仰有關。

圖 12-6　可能和信仰有關的鳥首狀器與黑色小陶器

近代民族學調查的祀壺信仰已摻雜不少漢人影響，然其祭祀核心仍充滿共祖意識的思想（國分直一 1981b）。故從鳥首狀器、黑色小陶器到祀壺信仰的出現可說是西南平原族群形成過程的對映。

（五）百步蛇圖樣

這是一種將百步蛇動物圖樣化的表現，通常有個捲曲成圓形的

---

[116] 即一般所稱蔦松文化的陶容器。

蛇身，以及向前突出的頭部，有時也將兩個蛇體的圖樣反向並置，展現更為特定的風貌。

據民族誌資料，這種圖樣常出現在排灣群（排灣族、魯凱族與卑南族）的村落中，如於家屋中的重要簷板、梁柱，或是具有家族象徵的古陶壺上，被視為是和祖先認知相關的象徵性圖案（圖12-7）。

在考古研究方面，類似的形象在舊香蘭史前遺址的發掘中被確認。本遺址位於台東市南方約20公里處的濱海處，埋藏著距今約2,000年前以來的聚落房屋、石板棺及各種考古遺留，從中還發

圖 12-7　有百步蛇圖樣的陶壺（台大人類學博物館提供）

現製作金屬與玻璃珠的技術，這在台灣其他考古遺址中較為罕見。雙蛇體的百步蛇圖樣清楚地呈現在舊香蘭遺址一些出土物的表面，如圖12-8的骨器。另外如石器（石刀）的器面上則刻畫著具象的單蛇體圖樣（圖12-8），有些陶片上連續印著一個個呈捲曲狀的簡化蛇體。事實上，這種簡化蛇體的圖案早在1980年代便被發現於屏東的龜山遺址，但當時因無比對資料故不明它的原意，只視為如箭頭狀符號（圖12-9）。直到舊香蘭遺址的一連串相關圖案的連結，才明瞭它原來就是百步蛇圖化表現的前身，

圖 12-8　骨器與石刀上的百步蛇圖樣（李坤修提供）

現在對於附有這類圖案紋飾（如人紋、獸紋與相關主題）的陶片多稱為龜山式陶片，或三和式印紋（李坤修、葉美珍 2017）。

圖 12-9　龜山遺址的蛇紋陶片

　　史前龜山式陶片的分布以龜山遺址、舊香蘭遺址為大宗，其他如金崙遺址、花崗山遺址的上文化層、宜蘭漢本遺址也有發現。由出土的總體數量與圖案的多樣性看來，東南海岸是主要分布地，至於為何其他地方也有這種特徵？根據近代民族學的資料，各族群地域間的人群移動仍是相當頻繁，原因各有不同，如排灣女性在結婚時會帶著折斷下的古陶壺口部碎片到男方村落家中，或許這也是他地出土少數龜山式陶片的原因之一。遺址中出土外來器物的例子在台灣考古中並不少見，有些為貿易所得，有些應是人群移動帶入。

　　透過舊香蘭百步蛇圖案的考古發現，可以大致知道近代被稱為排灣群的祖先人群至少可以追溯到距今 1,500 年前，而且因為這種圖案已經趨於穩定，代表人群間共同思想的成形。據發掘者的看法，「蛇吐信紋（即上述百步蛇紋）與人形紋可說是三和文化中期兩大紋飾指標」（葉美珍 2020）。雖然就此尚無法斷定是否有集體的共祖意識？很有趣的是後來另有一種紋飾是將動物形和人形並列，這在舊香蘭出現在距今 1,300 年前以後（同上）；在台東縣的工作地遺址則是出現在距今 1,000～600 年前 （劉益昌等 2004）。這些後來的發展代表著共祖意識的強化過程。

　　亦有從更廣的角度討論排灣族的來源，提及的資料包括鐵器時代以來的青銅刀、玻璃珠、石板屋、墓葬、陶器、圖樣、傳說等，

綜合各種分析結果亦認為排灣族文化約形成於上述同時期（郭素秋 2009）。

「人群早已存在，而後來才有共祖意識的發展」，這是個重點，於當地考古遺址資料展露無遺。對於族群共識化的過程，若一定要提出個代表性的指標，我認為近代排灣群常將百步蛇圖樣刻畫在人像的頭上，使得人像固定化與神聖化，或可視為是落實共祖化意識的衡量標準（圖 12-10）。而這個過程都可以在上述的考古資料中找到發生與演變的脈絡。

圖 12-10 排灣群共祖意識的指標圖像（左排灣；右魯凱：台大人類學博物館提供）

（六）高帽人像

本類亦是一種施畫於物件上的圖樣。所謂「高帽人像」原本指稱在蘭陽平原及東北角一帶採集之近代民族學標本中，表面刻劃有帶著高帽的平面人像紋樣。據各方看法，這種圖樣所代表意義乃是當地噶瑪蘭人的祖先圖像。

2001 年起，針對蘭陽平原的淇武蘭遺址進行兩次大規模的搶救發掘，出土大量且多樣的考古遺留，據地層堆積狀態、出土物及年代測定結果，可知本遺址的埋藏分屬兩個時期，分別為距今 1600～800 年前（早期階段），及距今 600～100 年前（晚期階段），推定前者是為當地噶瑪蘭人的祖先所留；後者為近代的噶瑪蘭人所留（圖 12-11）。

圖 12-11　淇武蘭遺址出土（左）及民族學採集（右）的高帽人像

　　遺址中出土的高帽人像僅見於晚期階段，相關圖案可見繪製於木質、陶質與骨角質等器物表面，無疑在當時已是被社會所普遍共同接受的圖樣。若往早期追溯，顯然也有類似的原形，可能因當時仍缺乏表達一致性、規格化的動機，才不見典型固定化的圖樣。結合各種資料顯示，在淇武蘭遺址的晚期乃基於反應外來文化的衝擊與刺激，才在物質文化與生活行為表現出一致性，族群的共識與共祖概念標誌才清楚浮現。高帽人像提供了一個從特定地域人群轉變成為「族群」的關鍵證據（陳有貝 2020a）。

　　以上是幾個台灣考古所見可能具有象徵意涵的資料。我們可以再將這些器物、圖樣依發生時間的早晚排列，其中的巨石、石杵和巴圖是年代最早者，其次依序大致有鳥首狀器、百步蛇圖樣，最晚則是頭戴蛇紋人像、高帽人像等。很有意思的是早期先以象徵化物件為主，接著出現象徵性的動物形象，最後才是共祖化人形的直接出現。雖然仍是個很粗糙的初步推定，但由此看到了台灣原住民共祖概念的過程，原住民的族群化乃是一步步成形，而非早期就有本質性的存在！

二、共祖關鍵物的特質

　　宜蘭的淇武蘭遺址是古代噶瑪蘭人的遺留，遺址發掘曾出土 2 件稱為「金鯉魚」[117]的裝飾品，成品全長約 30～40cm 或更大，製工使用銅合金的絲線材料，反覆彎曲纏繞製成如彎月形或魚形，工序繁瑣。類似的器物在台灣南方的巴丹群島亦有發現（洪曉純 2016），從材質或風格看來，宜蘭的出土品可能是輸入自菲律賓。「金鯉魚」在蘭陽平原的噶瑪蘭人眼中是個很珍貴的器物，例如文獻記載著「俗重金鯉魚，以銅線編成，形如新月，佩之出入，群以為艷羨矣。」或云：「今諸番去銅鈴而飾以琉璃念珠，其貴者以金絲製為魚。」更進一步是《噶瑪蘭廳志》提到「誇為祖製，雖貧不肯粥於人」，表示「金鯉魚」傳自祖先，非一般的買賣交換可得，對祖先敬意的象徵遠甚於實質貨品的價值（圖12-12）（陳有貝 2020a）。

圖 12-12　金鯉魚

　　排灣族的例子是：古陶壺、青銅刀、琉璃珠並稱為祖先傳留下的三大古物。西拉雅人則有將安平壺作為祭祀祖先的祀壺。

　　無論是噶瑪蘭的金鯉魚，或是上述的排灣三寶、西拉雅的安平壺，都有個共通的性質便是：多數器物都是外來[118]，而非出自原有或清楚的傳統文化脈絡。表面看來好像有點衝突與矛盾，共祖象徵物竟是來自外地？實際上則是因人類的群體結合原本就是一種生存

---

[117] 可能是原物件的表面呈現金色，外形又類似鯉魚，故漢人文獻取其名。
[118] 古陶壺或是台灣本地製造，然對近代排灣人而言，古陶壺年代頗久，已不知來源。

對策,故利用文化力量創造出如共祖意識以鞏固群體,這時候原本不在日常生活中的外來物往往因為含有一些古老、神祕、稀少與珍貴的特質,故容易被選擇作為帶有祖傳意義的象徵物,甚至被附著於創造的神話中,以讓個人無所質疑,群體更加牢固。

三、另一種族群化資料:墓葬

埋葬行為直接牽涉社會人群的思想信仰、風俗祭儀等精神層面,是含有各種象徵元素的綜合體,而且有延續性強、變化慢等特性,因此也是探索族群的重要資料。墓葬在考古客觀資料上還有以下幾個特點:

(一)墓葬有固定的結構範圍,保存狀況佳,易於完整出土各種資料。

(二)墓葬為一個獨立的單位,可和其他資料清楚區別比較。

(三)墓葬的內容組成包含葬具、人骨與陪葬品,由多種資料共同構成一個行為意義,在研究上較單一遺留更具挑戰性與說服力。

墓葬資料在研究上具有優勢,又是人群精神層面的展現,所以對於古代族群問題應大有幫助。

台灣考古出土的墓葬資料頗多,試以淇武蘭遺址為例說明(陳有貝 2020a):

一般墓葬資料包含葬具、陪葬品與人骨等三類,每類所反映的意義不同。從研究中發現「葬具」的質材是依循著工藝技術的發展而有不同選擇(早期多用石質,晚期轉換成木質);「陪葬品」是隨著流行與價值觀感而改變(早期用村落的傳統陶器,晚期轉換成外來陶瓷)(圖 12-13);而「人骨埋葬姿勢」(蹲踞狀態)不但足以和其他人群區別,而且隨著自我族群意識的加強,甚至使用繩索

綑綁死者成為固定姿勢,以強化認同感。在淇武蘭這類例子中,人骨葬姿成了辨別族群意識的關鍵證據。

同樣以葬姿為指標,某些遺址也有著類似情形,如十三行遺址有高比例的側身屈肢葬,足以和其他遺址(村落)資料做有意義的區辨。換言之,以墓葬表現出「一致化」的程度似亦可度量人群共識的高低。

不過也有些相反的例子,1950年代喬健(1959)做了一個台灣原住民的屈肢葬田野調查,內容涵蓋泰雅、賽夏、布農、鄒、排灣、魯凱、阿美、雅美等多數原住民族群,從中確認各族皆有行屈肢葬,並發現:對於屈肢的要求不甚嚴格;一般族人也不知道這種葬法有何宗教、神話或傳統原因;阿美族各社的墓葬差異大,反而超過各族間的不同;各族的墓葬陪葬品大致相似等。

不知在近代歷經了何種的原因、過程,導致不少原住民都採用了屈肢葬,這也提醒我們現實文化因素隨時都在「干擾」族群的形貌。

圖 12-13 陪葬品和當時社會價值觀有關

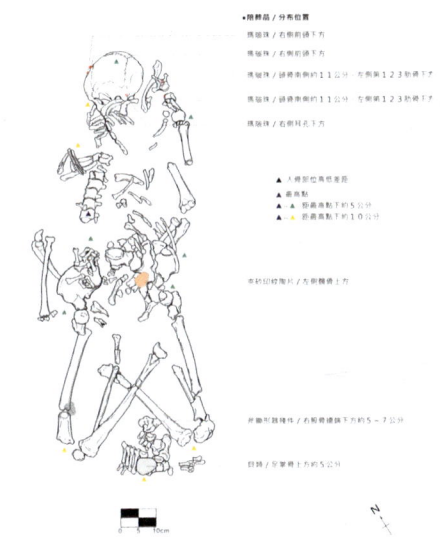

圖 12-14 台灣晚近原住民的屈肢葬(大竹圍遺址)

四、結論

　　族群是人類適應於自然與社會現實的一種生存對策，必須用人類文化的角度認識與解釋。古代以來台灣的族群現象乃對應於當時時空而出現，未必與近代的族群認識相同，惟我們可以參考相關理論概念、近代的族群現象，並選擇適切的考古資料，一步步嘗試瞭解古代各時期的人群／族群概況。

　　考古資料中有一類既非屬功能性器物，又不能僅以一種風格流行做解釋，它們有時分布在一定的區域範圍，物件本身充滿著精神意象，這類多少都代表著區域人群思想的某些共同。觀察其中有些含意較模糊，有些則特徵具體鮮明，甚至已萌生「共同祖先」的意念，此乃探討古代族群的極佳資料。

　　根據上述概念探究史前台灣大概，結果認為新石器時期的族群共識尚屬模糊，或基於地理或生業現實的來往互動，造成了若干區域人群共享著某些精神層次的行為；到了鐵器時期便約略有特定的地域人群共識先後形成，而真正利用共同認知所結成的族群現象應已是晚近的事。整體而言，台灣從史前至近代乃有一個族群化的過程，這不是基於社會演化的必然，而是因應於現況的變遷所致。

第十三章
史前台灣的族群形成

即使台灣考古已超過百年以上歷史,我們還是很難瞭解到底目前所發掘出的資料占有多少實質比例?無法預知未來是否會有新的關鍵、轉折性的證物出現。

然而,這也不表示我們只能停留於史前考古文化的論述,根據現有資料,大致仍可理出若干端緒,如下所述的蘭陽平原、東部地區的族群過程便相對清晰,此外如環台東平原一帶則是另一種形式,而寬廣的西部平原,因人群與文化的交涉頻繁,現只能就重點掌握。此外還不能忘記台灣的眾多山區,未來仍值得再加努力。

一、蘭陽平原

台灣東北部的蘭陽平原是一處對外封閉、內部開闊的低地平原,本地西側分別有雪山山脈與中央山脈環繞,東側面臨太平洋,和台灣島內其他區域的交通僅有平原北端與南端的海岸狹地,自古來往不便。

目前所知蘭陽平原內年代最早者為日治時期發現的新城遺址,當時因建設鐵路對遺址造成破壞而被發現,可惜無留下完整紀錄,內容所知有限。以僅存的資料與記載而言,遺址出土多數石板棺與繩紋陶,據此推定大致應屬紅色細繩紋陶時代的埋藏,距今或在4,000年前。

日後在1990年代,再度因工程緣故,發現了同屬紅色細繩紋陶

的大竹圍遺址。直到近年大竹圍遺址共經過數度的發掘,確認內容同樣以細繩紋陶為基礎,遺物還包括有各種玉器、石錛、石刀、打製石鋤、矛鏃形器、網墜等(陳有貝 2015;劉益昌等 2001)。

無論是位於平原北部的大竹圍遺址或南部的新城遺址,地點同樣是位於內陸低地或低矮丘陵,出土物以同時代普同可見的生業、生活實用品為主,遺物中除了繩紋紋飾的風格特徵外,少其他特徵鮮明的象徵物。

在繩紋陶時代之後,進入以素面陶為主的時期,主要有丸山遺址為代表(圖 13-1)。本遺址位在高起平原約有 60 公尺的丘陵小山,經較具規模的發掘(劉益昌等 2017),判定年代約以距今 3,000 年前為中心,前後跨越千年,陶器以素面陶為主,基本上各種石器的種類與早期類似,亦有多量的石板棺,這些是與前一階段(繩紋陶時代)關係的重要線索。而較特別的是出土了 12 件的人獸形玦,據推測可能和墓葬陪葬儀式相關。

人獸形玦的外形有很強的特徵性,可是從它的分布時空看來,並沒有顯示和特定的人群相關,且很可能是得自島外概念後的本土化產品。

鐵器時代的蘭陽平原幾乎展現全新的局面,陶器以施有幾何印紋的罐形器為主(圖 13-2),墓葬形式和新石器時期的石板棺也全然不同。據淇武蘭遺址資料,至少在距今 1,600 年前,近代噶瑪蘭人直接相關的祖先人群便已來此定居。至於他們與新石器時代人群(如丸山遺址主人)的關係,可說是一個很具代表性的議題,如下討論:

本書首章提到一般對於台灣鐵器時代人群來源有各種看法,如主張基本上就是新石器時代人群的延續(一元論);或是新一批來自島外的移民(二元論)。就蘭陽平原而言,答案傾向後者,一個很簡單的理由是比較兩個時代階段的遺址(如丸山遺址和淇武蘭遺

圖 13-1　小丘聚落型態的丸山遺址　　圖 13-2　蘭陽平原的幾何印紋陶

址早期），遺物中鮮少有類似性或延續性[119]。

蘭陽平原繩紋時代的遺址多位於低地或矮丘,明顯這是人群初來到平原後對居住環境的首要選擇。到了素面陶時代,便有較大的村落出現在丘陵小山,這種改變是因應生業環境選擇?還是基於社會文化狀態所致?尚待研究。

而鐵器時代新來的人群可能很快地占領了多數平地,帶來的物質文化特徵是擁有鐵器、少石器、多幾何印紋陶器,此外便是持有若干屬於島外的器物如陶瓷、裝飾品等,他們即為本書前述定義之「東亞大陸沿海漢化的南島語人」,和先前來到的南島語人文化已不相同。

沒有明顯證據可以說明他們在初期即有共同族群的歸屬意識,就連居民恐怕也是來自各地不同的社群。類似這種不同社群的移居、混居的現象也可以從歷史時期的紀錄中找到很多類案,另如語言學研究亦指出蘭陽平原其實有些「非噶瑪蘭語人」,都是不同人群來

---

[119] 相較於東部鐵器時代的遺址仍可見到不少新石器時代以來的器物,如石杵、石刀、石網墜等。以此為標準,蘭陽平原鐵器時代住民應與新石器時代有基本上的不同。

源的證明。日後才在長久、必要的共同生活下文化、風俗趨於一致，形成「人群的噶瑪蘭化」。

根據考古資料，蘭陽平原人群行為、思想的一致化出現僅在距今數百年前，此刻正是透過貿易與移民接觸到大量島外文化之時，強烈的異文化衝擊促使蘭陽平原的人群產生他者、我者的區別意識，加速了自我在行為、風俗與思想上的集體化。考古學的證據除了傳統陶罐與墓葬行為的模式化外，如高冠人像的圖樣則是共同祖先意識的表徵，利用這種概念的創造將人群凝聚成不可分的族群，是人群面臨危機與合作的產物，以反應新時代帶來的生活變革（陳有貝 2020a）。

二、東部地區

東部地區指約現在的花蓮縣與台東縣範圍，自然環境包括中央山脈以東之縱谷平原、海岸平原及周緣山地。相對於西部地區，這裡的自然環境獨立，西側有高大的中央山脈隔絕外界，僅在南、北兩端有稍寬廣的平原空間。

新石器時代約始於距今 5,000 年前，較早時期是以粗繩紋陶為特徵，其次則為細繩紋陶；約至距今 3,000 多年前進入素面陶階段，此時在考古學上有所謂「卑南文化」與「巨石文化」之概念建構，但近年對於這兩種考古文化的差異已經有很大的質疑（參見第十章）。

素面陶階段之後，進入鐵器時代時期，內容因已趨似近代阿美，所以也被稱為「阿美文化」。如圖 13-3 的陶器，器體大型化，器壁亦

圖 13-3　阿美人的陶器（台大人類學博物館提供）

較粗,兩側常見帶有橫把,鐵器時代遺址與近代民族學所見幾無二致。

可以石杵、巨石的資料為據,說明他們多數都是歷來生活在此一地區的人群延續,理由如下:

(一) 石杵是一種含有神聖象徵意義的器物,遠從史前時代這類器物便出現、存在,並一直延續到近代,這表示本地的人們長期以來就有著某種類同的精神意識與行為。

(二) 史前考古至近代民族誌所知之石杵的出現與阿美人群分布有著極高的一致範圍,代表石杵的主人就是阿美人,史前石杵就是阿美人的祖先所有(圖 13-4)。

圖 13-4　從史前就存在的石杵一直是阿美人的特有物

(三) 其他象徵性的器物如巨石也和石杵的現象相同,增加了以上說法的可信性。

此外,有說法提到卑南遺址出土的小陶杯因為常成組出現,所以可能是儀式祭祀用品(黃國恩 2013),類似器物在年代更晚近的東河南遺址也有多量出土(黃士強、劉益昌 1993)。而近代阿美人的生活中有所謂的祭祀陶杯,乃是一種儀式用品,或許就是延續自史前遺址中的小陶杯?循此也是一個值得探討的線索(圖 13-5)。

至於本地人群何時開始萌生有共同族群的想法?目前尚少線

圖 13-5　阿美族的祭杯（台大人類學博物館提供）與東河南遺址的陶杯（黃士強提供）

索。學者常將整個阿美族群又分為南勢阿美、秀姑巒阿美、海岸阿美、馬蘭阿美、恆春阿美等五個亞群，而各群之間似乎沒有共同起源的思想，這個現象若干符合上述「缺乏共祖證據」的現象。或許，所謂阿美族群的形成動力並不像蘭陽平原一般由外部壓力促成，而是肇因於環境，即自然環境限制了東部人群與外界的關係，使得本地人群之間藉著較高的互動關係自然地形成共同性，即使各個時代仍有不同人群的移入（如歷史時期的噶瑪蘭人），在長期混居之後也顯得類似。

東部的例子讓我們看見了台灣族群形成的另一種形態！

三、東南部區域

本區指台東平原及其以西、南之山地一帶，地理上其實部分也屬上述東部地區之一。但本區人口現以排灣族最多，其他尚有卑南族與魯凱族等，客觀上因這三族群有某程度的類似性，所以有時也被合稱為排灣群。除此，其中的台東平原部分也是阿美族的分布地之一。故整體而言，近代這個地區的人群相較顯現複雜。

於史前新石器時代，本地考古發現內容與整個東部地區呈顯類似性，如早期的粗、細繩紋陶特徵，以致後來的素面陶等，石杵、

巨石等遺留物亦多處可見,故是整個互動頻繁之東部地區人群間的一員。到了新石器的中、晚期,從卑南遺址出土眾多的農具與稻米證據的發現[120],確知已有興盛農業,又據其聚落與墓葬行為的繁複,亦反映出社會的複雜化發展。

雖說卑南遺址的研究已累積相當多成果,不過對於遺址的主人究竟是誰?卻沒有令人滿意的共識。當初兩位發掘者之一的宋文薰教授認為是阿美族祖先;另一位連照美教授則主張是排灣族。從這點不難想像本問題的複雜,即使近年再從專業建築觀點結合各種資料探討的結果,依然沒有產生一個所謂的標準族群的答案(關華山2017)。所以看來已不是研究不足的問題,而是這種(混沌不明)現象就是答案了,換言之,對當時人群並不能以近代的族群概念做解釋。

卑南遺址的發掘規模如此龐大,卻沒有出土模式化的人像或其他可能性的共祖標誌,這就是一個說明。當時他們和前述無清楚族群意識的古代阿美人祖先無異。

關鍵轉變在鐵器時代,從此開始展現不同的面貌。近年非常受到重視的「三和文化」是一個很好的指標:

所謂三和文化,定義約開始在距今2,300年前,基本上已進入鐵器時代,上述的卑南遺址最晚時期即屬之。據進一步研究,本類遺址可分出適應山地系統與海洋系統(葉美珍2020)(圖13-6)。其

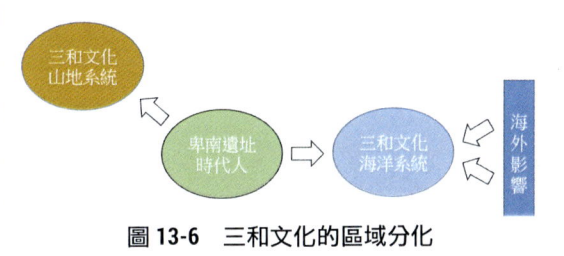

圖13-6 三和文化的區域分化

---
[120] 卑南遺址的地層出土大量的稻米矽酸體,證實稻業的存在(康芸甯2013)。

中出土豐富遺物者如舊香蘭遺址、金崙遺址等都是位在海邊，有趣的是它們的遺物中並不一定皆有豐富海洋資源[121]，反而呈現著充分的外來要素（包括器物與技術），尤如金屬器與玻璃的製造更是獨步全台。這個意義是新文化基本上乃衍生自原有的人群生活（如卑南遺址），後來才開始分化出不同形態的生活方式（山地性與海洋性）。攸關這個現象的原因，極可能是對外的貿易接觸，或外來人口的直接移入。

不少研究都注意到本時期的外來元素，典型如稱為「三突脊」之耳飾（參見圖 12-4），在台灣島內僅見於舊香蘭，而在東南亞、蘭嶼皆有多數分布，故是由外來人群帶入的證據之一（李坤修 2009）。又年代約在 1980～1420 B.P.（三和文化中期），此時可見出現了具體華南風格的印紋，某些其他器物亦富含東南亞一帶的外來性格（葉美珍 2020），這些部分可解讀為新人群的來到，使得本地區像成了台灣當下最為熱鬧的外來港區。

既有激烈的外來刺激，當地的人群想必也會有所對應，強又有力的證物之一便是百步蛇紋，最初它只是單純對蛇的意象化圖畫，後來漸成固定化的形式，並結合人形成為帶有共祖意涵的標記（圖 13-7）。

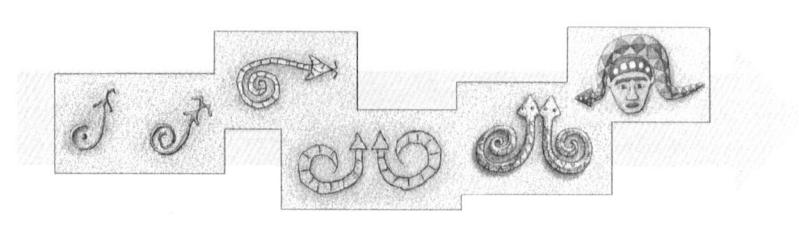

圖 13-7 蛇紋形態與意義的演變（由左至右繪自龜山遺址陶片、舊香蘭遺址石刀與骨器、排灣族近代陶罐、排灣族近代占卜箱）

---

[121] 舊香蘭遺址的海洋相關遺存不少；但金崙遺址則否。

除此，古陶壺、青銅刀與琉璃珠都被化為本族祖先的傳承寶物，事實上這是以文化力量刻意將這些神祕的外來物象徵化、神聖化，以藉同祖之名鞏固族群的集體性。

　　前述的蘭陽平原地形獨立，形成了單一的噶瑪蘭族認同；花東地區人群則是長久維持共同性，但相對的族群意識較弱；而本地區是地勢複雜，又多有外來影響，在自然與歷史的作用下，最終呈現著較多族群的複雜現象。

四、西部地區

　　西部地區泛指從台灣北部、中部至西南部的平原低地。各平原間多有通道相連，僅東側為高峻山嶺，阻絕了和東部地區的交通。

　　西部新石器推測始於距今6,000年前，即所稱之「大坌坑文化」。本期遺址多分布在低矮丘陵地，人群可能來自大陸南方沿海一帶，主要理由是該區域的考古出土內容與台灣相近，而且只要渡過百公里的海峽便能抵達台灣島。

　　不過，對岸顯然缺乏了台灣常見的某些要素如陶器的頸部帶脊或是平行劃紋，而廣東常見的白陶、彩陶也不見於台灣大坌坑。所以當時可能是小規模人群、分散、零星來到台灣（陳有貝2000a）。

　　到了大坌坑文化晚期以後，遺址數量增多，規模變大，遺物多樣，這類形態村落的出現和農業作物的栽培有直接關聯。隨著產食的發展，多出人力得以從事其他活動，包括祈求農業收穫等精神層次行為。

　　因進行頗具彈性的游耕農業，人群不停地移動以進行土地的休耕與復耕，僅在特殊經濟的目的下趨向聚集成為村落共同體，無須刻意營造共祖意識來作為人群間的絕對紐帶。本質鬆散的村落隨時

仍有瓦解的可能，再加上長期之間隨時有外來的遷入者[122]，考古出現如三足器、陶網墜或黑陶等大陸要素，可作為對岸人群移入本地的證據（圖 13-8）。總之，本地人群間的來往互動、移入混居變成了一種常態。

圖 13-8　黑陶與陶網墜是一種大陸要素

而在地深化的現象到了鐵器時代更為浮現，如南部地區（蔦松文化）的素面紅陶與常態化的仰身直肢葬；中部（番仔園文化）的幾何印紋黑陶與俯身葬；北部的幾何紅陶及側身曲肢葬。北、中、南之地域特徵儼然成形，下面再以其中的南部平原說明：

觀察被歸類為蔦松文化的遺址，對它的簡要共同描述是：年代為距今約 2,000 年以來至 400 年前，陶器以素面紅陶為主，墓葬為仰身直肢，有鐵器，除磨石與石錘外，極少石器，此外還可見有外來的玻璃飾品等。

蔦松文化墓葬的死者姿勢以仰身直肢為主，和前一階段之大湖文化常見的俯身葬不同[123]，且大湖文化常見的兒童甕棺葬亦極少出現於蔦松文化遺址。蔦松主流的素面紅陶也和大湖文化的黑陶有別。

---

[122] 約在同一時期，南部與中部平原開始出現了比例漸多的俯身葬（圖 13-9），是否和特定人群或共同思想的形成有關？目前不明。
[123] 大湖文化也有不少為仰身葬。

這些都說明早、晚期的變化相當強烈,甚至有些異質性的改變。

　　蔦松文化本身在墓葬的形式表現更高的一致性,陶器則有規格化、標準化的傾向(圖 13-10),顯現此時較強的人群共識(陳有貝 2020a)。但另一方面,蔦松文化的遺址地點卻又常常和前一個階段的大湖文化重疊,顯示村落本身多為延續存在。所以大致可能的解讀是:在鐵器時代突然出現了更多的外來者,並且逐漸與當地混居,最後成為具有共同想法的人群。

　　鐵器時代的新移民帶著「漢化」狀態來到台灣後,在一段不算短的時間內都和對岸維持著隔離的狀態,所以考古上很少看到當時的中國歷史文物出現在台灣,甚至如水稻這種極有競爭力、吸引力的生業方式都未適時在台灣島上出現。中國漢人

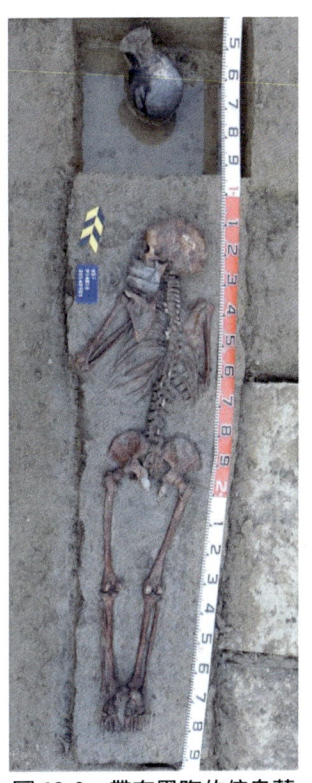

圖 13-9　帶有黑陶的俯身葬

圖 13-10　蔦松文化陶器的規格化(基本型為上排;下排一致加上了陶紐與圈足)

本身對於直接渡海來台似乎也表現得「畏懼」，從唐宋時代起就有漢人移居澎湖，然而要再歷經數百年後才真正踏上台灣。有生物人類學的研究指出大部分的漢人與原住民並沒有混血，各自維持族群生物性界限（陳叔倬 2014a，2014b），這現象同樣可結合長遠的史前考古資料來看，原因頗值得探索。

關於代表具體族群思想的共祖象徵物，現有線索大致僅有前面提到的鳥首狀器與祀壺信仰（參見圖 12-6），前者年代早，距今超出一千多年前，可能是建築上的象徵物，與「共祖」概念的關係尚無說法；後者是為祖先信仰的祭祀物，是「共祖」意識存在的證明。「祀壺」原本也許只是傳統文化中的小黑陶（見於蔦松文化），但是後來多選用外來物取代（如漢人陶瓷、安平壺等）（圖13-11），這個現象和前文所言的「往往選用外來物，因含有一些古老、神祕、稀少與珍貴的特質，容易附著於創造的神話中，轉化成帶有祖傳意義的象徵物」相同。

圖 13-11　現今仍存的西拉雅平埔族祀壺信仰（吉貝耍）

五、結論

台灣近代原住民的族群形成至少與所在的自然環境，以及經歷的歷史過程相關。在若干民族學的調查中發現：宜蘭當地人常表現出較高的同質性與族群意識；阿美族又依地域分為不同的亞族，人群間保持著某種較鬆散的關係，又雖居於平地，但並未如平埔族般

有著顯著的漢文化影響。這類族群現象的緣由都可從以上的考古研究中找到關係脈絡。

東南部平原本來也屬東部文化的一部分，不同的關鍵點是後來成了外來人群與異文化的重要入口，使得在「原阿美文化」的底層上混合了其他人群，在各地區形成如排灣、卑南、魯凱等。他們和其他族群的一個差異是文化中摻入了不少東南亞要素，顯示本地區人與文化的特質。

西部地區的自然環境較為開展，並且因為鄰近中國沿海而有長期持續的人群移入，文化中一直混合著早期原生傳統與大陸要素。可能要到了近代面臨較多異質文化的漢人直接移入，升高了原地居民的自我意識，才造就了族群的成形。

最後，從整體面理出幾個原則如下：

（一）自然環境及外來的人群與異文化是台灣原民族群形成過程中的重要影響因素。自然環境多是個客觀條件，關係著長期人群的異同程度，如語言的差異表現；外來刺激則是引發人群集結主觀共識的主要動力。

（二）長期以來的外來移入者，較鮮明如距今 6,000 年前與 2,000 年前來自大陸沿海，或 2,000 年後以東南亞為主的他們，沒有間斷地融入了當地，和原有住民混合成地域中的一員。

（三）島內的人群、文化、物質、風俗不斷地在各地流傳、移動。研究者亦指出：若干史前遺址與近代族群都有確定的雙系社會、拔牙、獵首等習俗制度的證據，然而出現地點卻明顯不一致（邱鴻霖 2008），同樣告訴我們島內各地人群的移動乃是非常頻繁。基於此認識，我們若要追溯一個族群的來源歷史，重點便將是該土地上各時期的人群結合過程（而非人群的各自來源），這也是強調土地史研究的重要意義之一。

總之，台灣的族群現象是人群的一種選擇性生存手段，形成過程與所處的自然環境、人群的主觀競合意識有關，和所謂的血緣本質反而不具必然關聯，「原住民各族群」無疑是台灣自我環境與歷史下所創造出的特有文化產物。

伍

餘論

第十四章
台灣的史前時代

一、總論

　　南島語族、特有的山林環境是構成台灣文化的核心,而來自周邊源源注入的人群異文化則為凝結原住民族群的動力。下文總結前文各章,簡述台灣的史前過程。

　　根據考古證據,台灣島至少在距今 3 萬年前已有人類活動,他們多居於東部海邊洞穴,仰賴海洋的資源維生。因現階段的實質發現仍屬有限,無法肯定他們來自何處,主要僅能從其所使用的石器工具推測或和東南亞一帶漁民有關。此時尚無農業、無陶器、無石器磨製技術,可稱為台灣的舊石器時代。同性質的生活方式在東部一直延續到距今約 5,000 多年前,顯然他們是長期與外界隔絕,又能就現有資源長期存活的一群。

　　台灣的新石器時代階段約始於 6,000 餘年前,開創者是有著製陶與農業技術前來的新移民。據當時所製陶器表面繩紋風格的類似,推定應是來自大陸南方的沿海人群。現在尚很難用某個「族群」定義他們,大多應為生活方式類似,語言可以溝通,或因親緣、地緣的關係,彼此有些往來接觸的人群。由於生活在海邊,根莖作物加上魚、貝類等海洋資源是主要仰賴的生業來源。

　　從沿海出發,駕著舟船,刻意或無意間來到澎湖與台灣,初期仍過著一如往常的生活,然而台灣本島充滿著多樣山地,壯闊山林間擁有的資源顯然更勝於單調的海岸線,於是人群從海邊走向內陸,

從漁業、採集到山林燒墾，從種植根莖作物到栽培穀類作物幾乎已為必然。此外又有接收自大陸的農業行為訊息，如石刀就是這個生態系統下的傳播產物。從此，農業提供了穩定的糧食來源，在這個基礎下人口緩速穩定成長，並出現與之對應的複雜化社會。部分地區出現了較大型村落，發展出與生業相關的精神、儀式性行為，也有固定的墓區或埋葬風俗等。

以農業方式支持生活的同時，始終並沒有帶來過度的人群成長與競爭壓力，原因在於山林燒墾的農業型態以及台灣山地雜林的深厚包容力，寬鬆的生業模式使得人與土地之間維持著相對平衡。這種機制可能從史前一直維續至近代原住民，基本上皆無大的改變。

基於生業的適足，人群漸遠離海洋，進入山林新地，人群間移動、混居，沒有形成絕對的疆界。當然居民們也沒有外移到其他島嶼的理由，即使是鄰近可見的小島。於是，台灣島成為一個僅接受外來的人與文化，卻不向外傳播的封閉島嶼。

理論上，新石器時代台灣人群都沒有結成族群集體的必要，實際考古調查也未發現有具體指向「共祖思想」的跡象。而來自周邊的異文化與人群仍始終未停止觸動這座島嶼，考古資料顯示位於海邊的遺址最常帶有各種異文化性質。外來者無疑對原有社會產生了衝擊，如各地一些特殊的埋葬方式，獨特不同的風俗反映本地可能開始萌生某程度的他、我辨別思維，以對內的一致化達到對外區隔的目的。只是如西部寬廣的平原環境無法讓這種現象持久凝聚，人群仍然呈現多樣變化的面貌。至於東部後山，在自然環境的制限下保有內部較頻繁的人群往來，無論物質與行為皆維持著較高的一致性。

下一次的時代變革發生在距今 2,000 多年前，主要起因於東亞大陸的混亂局勢，迫使大量的沿海居民來到台灣。他們基本上亦為當

地南島語人,只因在原居地與漢人文化接觸,生活形式和台灣山林裡的南島語人已有不同。如此背景導致台灣的人群文化呈現二重化的樣貌結構,原有的先來人群多被歸類為高山族;後來的人群多被稱為平埔族。

隨著東亞大陸帝國勢力的南下,迫使東南亞沿海的部分居民同樣選擇了移居外地,在距今 2,000 年前以後的台灣若干遺址中也反映了這個結果,尤於東部或南部的海邊遺址(如漢本遺址、舊香蘭遺址)都突然出現了不少具東南亞風的異質性文化。

新人群帶來了新的物質與技術,包括極具工作效能的鐵質物,影響所及除物質面、生活面外,也極可能引發對異文化的興趣。配合著後來區域性的海上貿易盛行,於是在台灣的沿海地區興起了一些以對外貿易功能為主的聚落。不難想見當時生活中必定充斥著不少外來物,而人群的思想、價值觀也隨之起了激盪,最後當面臨異文化直接威脅的時刻,區辨他群、我群的意識也就更為需要與鮮明。

於是,人們創造了共祖的概念結合利害與共的人群成為族群,以抵抗外來衝擊,防止傳統的瓦解,本族神話與共祖想像多是緣於此的文化產物,近代所見的原住民族群也因此形成輪廓。

山林生活的南島語人、有進不出的封閉型文化,以及形成的原住民族群就是構成台灣特徵的核心(圖 14-1)。

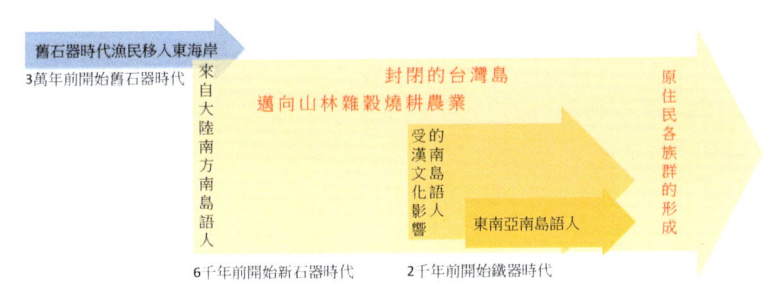

圖 14-1　史前台灣的重要記事

二、特性

（一）混合結成的族群

現在可以解釋，為何台灣周邊從來不見有類似原住民的族群？因為台灣原住民族群都是在本島形成！即使他們在原生地曾經另有所屬，來台後便淡化、稀釋於當地，適時形成了新的群體。考古上發現某些相同遺物反覆地出現在各地遺址，有時的解釋為貿易交換，有些應該是人群移動的結果。物質證據之外，如「新石器的繩紋紋飾流行、鐵器時代中北部的幾何紋飾」，都是大區域的流行結果。又「台灣從新石器時代早期開始，一直延續到晚近的原住民調查，拔齒型態一直是以拔除上顎一對側門齒與犬齒為主流……各區域的史前族群與近現代原住民拔齒習俗在拔齒形態上幾乎相同，這與中國、日本與朝鮮半島各地區拔齒的多型態與年代演變上相較，確實頗不尋常。」（圖 14-2）（邱鴻霖 2008：V-D-2）這是呈現台灣島內人群美感與儀式的共通。

時代愈晚，異文化的侵入日益鮮明，終於引發了原住民們的自我群體意識。各地陸續出現的共祖思想是最直接的體現，人們利用儀式將這種概念神聖化，選擇性地結合特殊器物落實於生活中[124]，以鞏固族群的存在。回顧這段歷史，我

圖 14-2　台灣考古所見的拔牙

---

[124] 如排灣族的祖傳三寶，事實不是排灣族的祖先帶著三寶從海外移入台灣，而是近代排灣人從物質文化中挑選了稀有物，以結合祖先神話，創造本族的存在概念。

們仍可以確信這個概念隨時還在改變之中！

（二）不是南島語族起源地

來台後的人們逐漸遠離了海洋，深入山野林地，活動於紛雜多樣的山林資源中，不僅日漸缺乏外海經驗，重農輕漁的特徵也從史前一直持續到晚近，從此失去再度外移的力量與理由。

所謂的「起源」，基本應有的概念是：對於移入地而言，來自起源地的遷入者乃是顯著的人群，或是某長期間持續性的移入，明顯改變了當地文化、生活方式；以排除只是少數人的移動或偶然性的接觸。現在考古上發現史前台灣人最仰賴維生的器物、技術與知識都沒有適時出現在假設的目的地（菲律賓），更遑論太平洋地區。

語言學者亦指出唯獨台灣沒有和其他南島語族保有共同的航海、舟船等詞彙（李壬癸 1997：74-87，160-161），物質文化上也不見南島語族常見的邊架艇。台灣確曾存在古老的南島語人，然「古老」不等同「起源」，台灣和其他南島語族之間只能說具有平行的親緣關係，是四處失散的兄弟姊妹，不是縱向的親子關係。

（三）封閉型的台灣島

觀察台灣島周邊的島嶼現象同樣印證著本島有進無出的封閉性格。如台灣西側的澎湖群島有著和台灣西南平原相當類似的新石器時代早期（繩紋陶時期），代表從西側方向（大陸沿海）而來的人群與文化傳播。然值得注意的是日後澎湖的史前遺址邃少，日後亦無具體原住民村落；而無論文獻或考古都呈現早至唐宋時期便有漢人入住澎湖[125]，顯然澎湖早期的南島語人只是單向前往了台灣，從此沒有再出海移回澎湖居住。

---

[125] 澎湖出土唐、宋、元的陶瓷相當普遍。

台灣東側的海面由北而南有龜山、綠島與蘭嶼，距離本島皆在數十公里內，完全目視可及，但這些島嶼上的考古調查卻極少發現和台灣本島有較顯著類似處，更遠如距台 110 公里的與那國島更無相關。很簡單的道理是：為什麼連蘭嶼的居民（達悟族）都是和菲律賓相似（即來自菲島），而不是與台灣原住民相近[126]？在在說明台灣島人群不好跨海對外的特性。

同時，在東亞的歷史文獻中不乏有因遭遇海難而漂流至他島的經歷紀錄，這類漂流記無疑是認識當時世界的最真實檔案。而很有趣的兩個現象是：在所有文獻中唯獨沒有出現台灣原住民的漂流史；且漂流至台灣島的外來民往

圖 14-3　在今日國界下，蘭嶼文化終將趨同於台灣島（葉長庚提供）

往都感受到相當程度的異文化衝擊（甚至被殺害）。前者現象是台灣島民不外移的證據；後者則是台灣島與外界封閉與隔絕的表現。

（四）重農輕漁的海島農民

台灣是個海島，但是對於海洋資源的利用卻隨著時代愈來愈稀少。如舊石器時代的八仙洞遺址出土了大型魚骨，到了繩紋時代若干地區尚可見不少魚骨、貝類，至往後便漸稀少。

相對於此，新石器時代以來的台灣到處呈現著以農為主的社會，

---

[126] 不過在今日國家的界線下，未來蘭嶼勢必趨同於台灣島，與巴丹分歧（圖14-3）。

遺址中普遍出土各種農具，隨處可見打製石斧（鋤），石刀的遺址出土率在 8～9 成以上；東部的石杵從史前一直延續至今；大量的石錛則間接地表示對山林地的開採；分布幾乎遍及全島的兩縊型網墜

圖 14-4　台灣山林隨處可見的打製石斧

代表是農民而非漁民的漁具；反而是代表著海洋漁業的砝碼型網墜愈來愈少。打製石斧（鋤）、石刀、石杵、兩縊型網墜的物質與技術近乎完整地延續到晚近，山林燒墾的農業無疑是人群對台灣島的最佳適應產物。

位於海邊如金崙遺址，「更無海洋資源遺留以及骨角器、魚骨飾品」（葉美珍 2020），其他海邊村落如十三行、舊香蘭、漢本等遺址則多出現各種外來品，有些墓葬形式特殊，異質性頗高，若非以貿易為目的，便可能含有多數外來人群所致。

近代，文獻記載著「漁業無網羅，只用鏢」（陳淑均 1993），從漁網改成單人便利的鏢魚槍顯示漁業的簡化。史學者集合近代文獻，表示「從領台初期至明治 40 年代，殖民官僚、旅人以及輿論透過各種調查和實地踏查，一再指出台灣漁業資源豐富，但是漁業極幼稚，專業漁夫少，漁業知識不足。」（林玉茹 2013：100）。一般而言，原住民極重視土地領域，但對於海域就不像土地般有著鮮明的領域概念，往往還可以共同使用，無所謂個別領域，這也是重農輕漁的結果。阿美族還被視為台灣島中較重視漁業者，然而無論魚的名稱、分類、吃魚行為等都遠不如達悟族有清楚的界定（林正春、劉炯錫 2000：61）。兩個靠海民族，達悟族和海洋的關係密切；阿美族反而以農業的繁複祭祀聞名。

豐富多樣的陸域山林資源顯然馴化了台灣人成為農業的一員。

（五）族群的構成：血緣、地緣、部落與酋邦

即使理論上血緣被認為是人群團體的最基本紐帶，然實際上人類卻常藉由文化操作（如婚姻、認養、共祖創造）創造群體關係。

至於地緣恐怕也不是絕對要項，簡單觀察近代原住民的分布範圍，若干族群的分界線確實與自然地理區極大相關（如蘭陽平原、東部），另亦有與地理邊境沒有一致性符合者，如前文所述的台東平原。地緣也許便於人群的互動，造成人群行為的相近、語言的類似，但從考古對長期史前歷史的回顧，無論血緣、地緣都只是一個形式名義，真正構成人群集體性的動力毋寧是背後的共同目的關係，即文化才是台灣原住民各族群結成的主要手段。

文化人類學者普遍認為台灣原住民社會傾向酋邦（或部落）性質，惟近代台灣周邊多數地區（如琉球、菲律賓）已邁入國家體制，無論從區域傳播觀點或社會演化角度，為何原住民的這類腳步看似如此緩慢？答案之一仍與「山林農業」有關。在這種極度寬鬆的生業國度中，人群遊動於山林各地，土地重於技術，領域高於權力，類似「族群」、「民族」、「國家」等集體概念無發生理由[127]。人們用文化的手腕與力量島嶼化，保持著彈性以隨時應對於各種狀況，史前台灣社會等於利用了「避免人群過度結合」來適應於自生環境。

三、研究餘論

（一）「沒有發現」與「沒有關係」的考古意義

考古學一向重視「發現」，希望藉著物質的存在來證明自己所

---

[127] 聚落之間的爭奪也是常見，同一族群甚至也會彼此獵首。

述。即使現實仍無發現，依舊強調「只是暫時尚未發現，不能因此肯定沒有存在」，意謂未來仍有發現的可能。

本書中的研究例子如台灣和琉球，或台灣與菲律賓之間，因為這些島嶼的地理位置鄰近，很難想像彼此在沒有國界的史前時代會沒有往來，尤其理論上還有「日本南方起源論」、「南島語族起源論」的支持，所以如果有堅信「未來一定會發現」的論調亦不奇怪。

但是我們如果從統計學的角度，也不得不承認「已經做了這麼多的考古調查，如果真的存在相同的物證，一定也該有所發現了吧！」換言之，就算未來真的發現了共同物，在比例上也是少數，甚至是一個接近沒有意義的比例了。

學界一般常注意到是「發現了什麼」，卻忽視了「缺少了什麼」，但有時候後者的現象反而能突顯重要意義，它是一種「排他性」的現象證據，而不是尚無解答。

同樣地，一般研究似乎較樂於強調「兩地的關係」，所以盡力找尋共同物來證明兩地人們的接觸、往來、傳播、貿易、移民等。但從另個角度思考的話，這不是鄰近的兩地自然該有的普同現象？反而若是缺乏這樣的「正常關係」才值得關切。

正如本書強調，台灣和琉球、菲律賓的地理位置相近，本來兩地就應該有些類同遺物才合乎期待，如果不是如此，就必然是背後有特殊原因了。今日影響地域人群互動的要因莫過於國界，即使鄰近的兩地也會因為國家領土界限的存在而呈現不自然的關係。那麼，史前究竟有什麼樣的界限存在於台灣與琉球、菲律賓之間？這就是一個很值得探討的學術問題了。

（二）關鍵遺物的重要

遺物是考古研究最常見的分析對象，其中尤如陶器最被看重，

主要原因不外乎陶器的變化敏銳又和人群的生活密切相關，足以反映背後的人與文化。不過大概沒有一種萬能的資料足以解開所有問題，還是應該配合研究目的選擇適切的材料。

對於族群現象的研究，「共祖意識」無疑是一個很有力的指標，如果可以證實這種思想已經萌發，便能引述族群的存在。所以象徵共祖思想的器物便成了族群研究的關鍵性證物。一個典型的例子如華人家庭中常有代表祖先源流的牌位，這種象徵物的外形如「且」，而「且」字其實正是「祖」的甲骨文，換言之，創造了一個如「且」的象徵物來提醒後世的群體祖先認同。於是我們可以從考古研究中追溯何時開始有這類象徵物的存在，結果發現遠從中國新石器時期如龍山文化有種所謂的玉圭，表面還刻有人獸象徵面紋及橫線紋，外形與意義幾乎就是「且」了，這便是早期漢人祖先概念的發生證物（圖 14-5）。

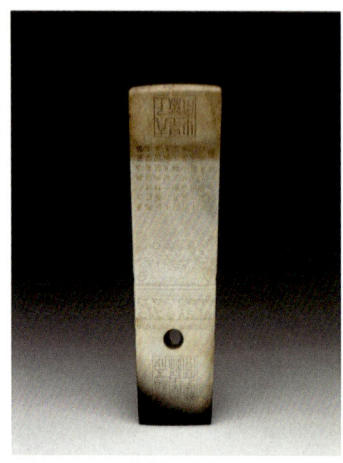

圖 14-5　漢人祖先認知的象徵物（故宮博物院公開網站）

原住民無文字歷史可追溯，只能先從近代民族誌資料找到一些參考，再循線在考古資料中發現對照物，如排灣族的三寶或噶瑪蘭的高帽人像都是祖先意識的重要線索，藉由考古類同物的比對便可以知道這種觀念的發生及脈絡背景。

（三）考古學文化的解釋

「考古學文化」是台灣考古學界的重要術語，絕大多數都是利用這個概念討論、建構史前研究的框架與內容。只是如果現在舉辦一場「考古學文化」的意義論述？恐怕在學界將會引起一場論戰，

畢竟各研究者對於其意義都有各自的看法。

可以將「考古學文化」看成專業間溝通的語言，卻不宜直接當成研究的成果闡述，或逕自用來代替史前史。原因無他，人群的集體形式不同，群體間也無必然有清楚一定的界線。學術界引用考古學文化時難免受到「國家」、「族群」的概念影響，但若沒有這些制度組織的史前台灣就不見得適用了。

現在台灣各地博物館、學校教科書都常用「文化層序表」來標示古代台灣，在這類表格中清楚地記載什麼時間、什麼地區的內容是「某某文化」，由於易於說明與被想像，幾乎成了是認識史前台灣的標準答案[128]，考古學家有責任導正這個趨勢。

考古研究的目的應該是認識真實的人與文化，不是用來解釋不必然存在的考古學文化。從史前考古資料證明了台灣遺址、聚落的獨立性質，近代文獻也顯現村社才是決定行為的主體，「族群」乃屬一時期的文化產物。因此，打破刻板化的族群概念，重新以遺址（古代聚落）為單位，取代虛擬的文化想像，找出另一個陳述史前台灣的方式乃是我們當務之急。

---

[128] 考古學家也應該謹慎，勿輕率用考古學文化幫原住民們塑造古代歷史。

後記

　　對於台灣，我們可以如何形容？有人看到的是它的海島本質，有些人則感受到壯闊山林才是它獨特的一面。當然也可說它是介於陸地與海洋，兼有山林的海島。惟從現實的資料看來，山林利用與燒墾農業終究才是本島最特殊所在，這種穩定且具優勢的生業方式決定了台灣日後長久的文化發展。

　　本書共十四章，第一章舉史前台灣的幾個疑問為例，導引介紹目前研究概況，其中提到如移民、文化、生業、生態環境、南島語族、原住民族群等都是台灣考古的最常涉及的語彙。至於所提的幾個疑問，有些已逐漸有了答案，有些尚待著未來新的發現與研究。

　　第二章到第四章是討論台灣的早期移民人群與文化特色。

　　第二章屬舊石器時代問題。一般而言，這個時代的人群較少被連結到近代人群討論，主要是因為時代古老，且無論體質或文化和後來都有清楚的間隔落差。台灣東海岸舊石器時代的盛期約在距今5,000多年前，幾乎曾和當時的新石器時代人活動於同一地區，很難想像當這兩類文化差距如此大的人們相遇時會是怎麼樣的情景？兩方心中所受到的文化衝擊必是很大吧！這種現象會出現在台灣，便已經預告了台灣島的特殊處。

　　第三章討論台灣新石器時代最初的發生過程。研究者將相關考古發現整合稱為大坌坑文化，並解釋其主人為古代的南島語族。這是一個很有意義的假設，不但可以連結考古學與其他學科的研究，也把台灣的考古課題擴及至東亞大陸與太平洋。我認為大坌坑文化的一大特色乃在於生業上的農業轉型，這在海島當時是頗為少見，

從此也奠立台灣後續發展的基礎。

第四章專注討論台灣史前農業。台灣島以擁有多樣的山地著稱，有別於其他小型海島的生態環境。初來到島上的新石器人群一定很快便接觸了山林，藉其豐富資源得以發展燒墾農業，維持穩定的糧食來源。進一步，這種雜林環境或可能也塑造了人群的心靈與文化個性。「南島語族」加「山林農業」，兩者的結合大概是最能表達史前台灣文化特色的吧！

第五章到第九章是從區域觀點來突顯台灣文化的特質。第五章提到東亞世界有不少考古研究與假說都與台灣有關，如照葉樹林理論、日本南方起源說或中國文明理論、南島語族起源地等，這些有的是基於生態、自然環境的論說，有些是出自人類文化現象的構思，種種都可給台灣研究不少啟示。然較遺憾的是多數說法都不是從台灣觀點出發，更不是論述的重心，未來如何構築以台灣為主體的區域史前論述至為重要。

第六章比較史前的琉球與台灣。同為東亞島弧的兩地本應有著類似的發展，但由於長期的人文歷史因素，使得人群產生不同方向的地理觀，最終走向不同的道路。琉球風行的貝器與台灣玉器的流行發展可說是最醒目的對比！

第七章將焦點集中在南琉球，該地是和台灣至為鄰近的島嶼，理論上古來應該有著密切的互動。然而實際資料卻是反向而行，兩地之間彷彿存在一條無形的界線。或許相較於其他海島，台灣無非就像是一處獨特的異文化陸地，所以和南琉球之間有著人群與文化的隔閡，自然也可理解。以琉球或其他鄰域的資料是檢驗台灣論述的最佳作法，也是找出台灣獨特性的重要法門。

第八章是「南島語族台灣起源論」的辯證，本題可稱得上是台灣學界熱度最高的議題之一。對此，本書強調相反的看法。現有的

歷史語言研究只指出台灣南島語的古老性,而無和其他南島語的早晚衍生關係,這部分仍須由考古的研究證明。本章舉出數種台灣重要且普遍的考古發現,質疑為何從未出現於島外他地?台灣若有史前人群外移,這些都是生活中應該攜帶之不可或缺的器物與技術。台灣是東亞大陸向外平行傳播之一地,但人群、文化的有進無出是個很奇特的現象。原因除了是有資料可徵的農業因素外,也許島內的崇山峻嶺導引居民有著主觀的內陸心境,而海洋雖是提供四通八達的大道,對於農民卻也是另種不知彼岸的障礙!人群的內心意識會不會也是影響的原因之一?

第九章整合說明史前的台灣如何將外來文化變成本土產物。台灣從史前以來便是一個移民社會,外來人群不時地帶著原本生活方式進入本島,隨後可以看到這些元素最終轉化成為台灣特有形態,而且跨越人群與時空而存在。土地、環境形塑了來台的不同人群,長久影響著我們的行為與文化。

最後一個主題是原住民的族群形成研究,這是一個很大的議題,也非常值得台灣考古學再加以重視。無論在一般場合或學界,從來好以「族群起源」作為探索標的,然而「起源」二字容易過度簡化事實,讓讀者產生單純的誤解、想像。族群本身是個複雜的文化結合體,須先澄清對族群的本質認識,然後才能討論其形成過程。

在第十章中以東部地區的石杵與巨石現象為例,說明台灣有些地區從史前以來,人群間便透過不斷地混合、交流,保持行為的類似性並產生某些共同的心理認知,我們可以把這種現象當成探討族群的一個線索。第十一章則討論如何因應理論概念與考古資料,獲致事實可行的古代族群研究方法,如結合「族群理論」、「遺址單位」及「關鍵性證物」是為根本。第十二章便列舉了台灣考古發現之「具有精神意涵的象徵性遺物」,藉著它們含有多少「共同祖先」的意

義成分,討論各個時代階段的族群狀態。第十三章可以說是台灣島上幾個地區的族群形成史,經由這個過程認識台灣的族群現象乃是人群選擇性的生存手段,即「原住民族群」多是台灣獨自歷史與環境下所形成產物,原鄉就在台灣。

總結而言,早期適應於海洋生活之移民落腳台灣島後,在富饒山林的馴染下轉換農民,成為一種特殊、適應山林的南島語族。

在長久的史前過程中,島外人群們帶著家鄉原有的物質、知識與技術,重新適應於台灣特有多樣的環境。島內,人群遷徙移動以換取農業需要的土地,基本社群結構鬆散。人群與文化只進不出,雜林生態提供足夠的資源,台灣無疑像一座神秘又封閉的山林秘境。

另方面因人群無止的往來接觸,若干地區也許維持著溝通的語言,或表現出類似的行為,甚至慢慢集結出共同思想,而最後面臨外來人群與異文化的壓力時,才引發共祖概念的創造,營造似無可懷疑的本質性團體存在。然而事實上,每個族群內部是混合了來自不同地區、不同時期的人群,這也導致每個族群都是獨一無二,彼此間在歷史上又無一定界線基準的原因。

引用書目

丁金龍
2004 〈長江下游新石器時代水稻田與稻作農業的起源〉,《東南文化》2004(2):19-23。

千々岩助太郎
1960 《台湾高砂族の住家》。東京:丸善株式会社。

上山春平編
1969 《照葉樹林文化》。東京:中央公論社。

小田静夫
2000 《黒潮圏の考古学》。東京:第一書房。

山内清男
1937 〈日本に於ける農耕の起源〉,《歴史公論》6(1):266-278。

山崎真治
2017 〈南島爪形文土器以前の土器を探る〉,刊於《沖縄の土器文化の起源を探る:沖縄考古学会 2017 年度研究発表会資料集》:34-43 頁,上原静、宮城弘樹、大堀皓平主編,那覇:沖縄考古学会。

木下尚子
1996 《南島貝文化の研究:貝の道の考古学》。東京:法政大学出版局。
1999 〈東亜貝珠考〉,刊於《先史学・考古学論究 III:白木原和美先生古稀記念献呈論文集》:315-354 頁,龍田考古会主編,熊本:龍田考古会。
2012 〈琉球列島における先史文化の形成と人の移動:島嶼間の人文地理的関係に注目して〉,《文学部論叢》103:13-27。

戸沢充則
1994 〈縄文農耕論の段階と意義〉,刊於《論争と考古学》:111-147 頁,明治大学考古学博物館主編,東京:明治大学考古学博物館。

中尾佐助
　　1966　《栽培植物と農耕の起源》。東京：岩波新書。
中園聡、太郎良真妃、平川ひろみ、若松花帆、下小牧潤
　　2020　〈弥生時代におけるいわゆる樹皮布叩石の再檢討——三次元記録と観察から〉，《縄文の森から》12：30-49。
王建
　　1986　〈丁村遺址〉，刊於《中國大百科全書：考古學》：93-94頁，北京、上海：中國大百科全書出版社。
王映皓
　　2007　《台灣出土古稻米粒的初步研究》。國立台灣大學農藝學研究所碩士論文。
尹意智
　　2014　《花蓮縣102年度遺址監管通報系統計畫期末報告》。花蓮縣文化局執行。
　　2019　《從玉器看台灣東部考古學研究》。國立台灣大學人類學研究所博士論文。
台灣省文獻委員會
　　1972　《臺灣省通志（卷8）同冑志族群分類分佈篇（第1冊）》。南投：國史館臺灣文獻館。
台灣總督府殖產局編
　　1921　《台灣之農具》。台北：台灣總督府殖產局。
石坂莊作、宮本延人
　　1934　〈基隆附近の石器〉，《科学の台湾》2(5/6)：4-6。
古野清人
　　1945　《高砂族の祭儀生活》。東京：三省堂。
加藤晉平
　　1986　〈日本とシベリアの文化〉，刊於《日本人の起源：周辺民族との関係をめぐって》：58-72頁，埴原和郎主編，東京：小学館。
　　2000　〈閩、粵、台地域における先史文化の交流問題〉，《東北アジア古文化研究所》創刊号：2-12。

朱正宜
    1990 《台東縣馬武窟溪口新石器時代遺址之調查研究》。國立台灣大學人類學研究所碩士論文。
    2013 〈台灣西南部平原史前文化層序再思（一）大坌坑文化的分期及內涵〉，刊於《台灣史前史與民族學研究新趨勢：慶祝宋文薰教授八秩華誕學術研討會論文集》：5-1-5-24頁，國立臺灣大學人類學系主辦，台北：國立臺灣大學人類學系。

金元龍著，西谷正譯
    1984 《韓国考古学概説》。東京：六興出版。

安里嗣淳
    2006 〈沖縄先史時代の貝文化〉，《紀要沖縄埋文研究4》：111-126頁，沖縄県立埋蔵文化財センター主編，沖縄：沖縄県立埋蔵文化財センター。

安里嗣淳、小田静夫、神谷厚昭、當山昌直
    1998 《港川人と旧石器の沖縄》。那覇：沖縄県教育委員会。

伊能嘉矩
    1898 〈臺灣通信第二十二回：台灣に於ける各蕃族の分布〉，《東京人類學會雜誌》13(146)：301-307。

佐々木高明
    1971 《稲作以前》。NHKブックス147。東京：日本放送出版協会。
    1973 〈南島根栽農耕文化の流れ〉，刊於《南島の古代文化》：51-87頁，国分直一、佐々木高明主編，東京：毎日新聞社。
    1982 《照葉樹林文化の道：ブータン・雲南から日本へ》。東京：日本放送出版協会。
    1991 《日本史誕生》。東京：集英社。
    1997 《日本文化の多重構造》。東京：小学館。

佐山融吉
    1913 《蕃族調查報告書：臨時台湾旧慣調查会第一部》。台北：臨時台湾旧慣調查会。

李壬癸

　　1997　《台灣南島民族的族群與遷徙》。台北：常民文化。

李光周、鄭永勝、凌平彰、陳維鈞、韓旭東、陳有貝

　　1985　《墾丁國家公園考古調查報告》。內政部營建署墾丁國家公園管理處委託國立台灣大學人類所執行。

李光周、劉益昌、張宗培

　　1983　《鵝鑾鼻公園考古調查報告》。交通部觀光局墾丁風景特定區管理處委託國立台灣大學文學院人類學系執行。

李匡悌

　　1989　《鵝鑾鼻公園地區史前漁撈活動研究》。內政部營建署墾丁國家公園管理處委託執行。

　　2014　〈生態學取向的台灣史前史研究：一個台南科學園區新石器時代早期的案例〉，刊於《重讀台灣：人類學的視野——百年人類學回顧與前瞻》：49-90頁，林淑蓉、陳中民、陳瑪玲主編，新竹：國立清華大學出版社。

　　2016　〈成本與抉擇：台灣新石器時代早期聚落生活的經濟學觀察〉，刊於《考古、歷史與原住民：台灣族群關係研究新視野》：139-163頁，洪麗完主編，台北：南天書局。

李作婷

　　2010　《台湾先史社会における稲作農耕の展開に関する研究：プラント・オパール分析と石製収穫具を中心に》。九州大学大学院比較社会文化学府博士論文。

李作婷、吳意琳、李匡悌、李坤修

　　2015　〈台灣東海岸四千年前栽培稻的起源：矽酸體分析的初步成果〉，《南島研究學報》6(1)：25-50。

李坤修

　　2005　《台東縣舊香蘭遺址搶救發掘計畫期末報告》。台東縣政府文化局委託國立台灣史前文化博物館執行。

　　2009　〈舊香蘭遺址出土的三突脊玉耳飾及其相關問題探討〉，刊於《2009南島國際學術研討會論文集》：141-164頁，董春發主編，台東：國立台灣史前文化博物館。

李坤修、葉美珍
2017 《失落的文明:從舊香蘭考古遺址看臺灣史前文化發展軌跡》。台東:臺東縣政府。

宋文薰
1969 〈長濱文化──臺灣首次發現的先陶文化〉,《中國民族學通訊》9:1-27。
1976 〈台湾東海岸の巨石文化〉,《えとのす》6:145-156。
1980 〈由考古學看臺灣〉,刊於《中國的臺灣》:93-220頁,陳奇祿等合著,臺北:中央文物供應社。
1989 〈論臺灣及環中國南海史前時代的玦形耳飾〉,刊於《中央研究院第二屆國際漢學會議論文集:歷史考古組》:117-140頁,中央研究院主編,臺北:中央研究院。

宋文薰、連照美
1984 〈臺灣史前時代人獸形玉玦耳飾〉,《國立臺灣大學考古人類學刊》44:148-169。

宋文薰、黃士強、連照美、李光周
1967 〈鵝鑾鼻:臺灣南端的史前遺址〉,《中國東亞學術研究計劃委員會年報》6:1-46。

阮昌銳
1969 《大港口的阿美族(下)》。中央研究院民族學研究所專刊之十九。臺北:中央研究院民族學研究所。

角南聡一郎
2001 〈日本出土の樹皮布叩石〉,《盾列》11:44-51。

佟偉華
1984 〈磁山遺址的原始農業遺存及其相關問題〉,《農業考古》1984(1):194-207。

何傳坤、洪玲玉著,劉克竑輯補
2012 《嘉義縣阿里山鄉考古遺址調查與試掘》。台中:國立自然科學博物館。

何傳坤、劉克竑

    2004 《大馬璘遺址考古發掘報告》。財團法人埔里基督教醫院委託國立自然科學博物館執行。

沖縄県立埋蔵文化財センター

    2013 《白保竿根田原洞穴遺跡：新石垣空港建設工事に伴う緊急発掘調査報告書》。沖縄：沖縄県立埋蔵文化財センター。

沖縄県立博物館・美術館編

    2018 《沖縄県南城市サキタリ洞遺跡発掘調査概要報告書 I》。那覇：沖縄県立博物館・美術館。

林正春、劉炯錫

    2000 〈都蘭灣阿美族海洋生物之詞彙與用途之調查〉，刊於《東台灣叢刊之四：東台灣原住民民族生態學論文集》：53-64 頁，劉炯錫主編，台東：東台灣研究會。

林玉茹

    2013 〈殖民地的產業治理與摸索：明治末年臺灣的官營日本人漁業移民〉，《新史學》24(3)：95-133。

林開世

    2014 〈對台灣人類學界族群建構研究的檢討：一個建構論的觀點〉，刊於《重讀：台灣人類學的視野——百年人類學回顧與前瞻》：217-251 頁，林淑蓉、陳中民、陳瑪玲主編，新竹：國立清華大學出版社。

林曜同

    2016 〈荖濃溪上游之族群遷徙與互動（1600-1900）：以 Hla'alua 為中心〉，刊於《考古、歷史與原住民：台灣族群關係研究新視野》：265-297 頁，洪麗完主編，台北：南天書局。

岩城亀彦

    1935 《台湾の蕃地開発と蕃人》。台北：理蕃の友発行所。

邱敏勇

    1984 《南投縣集集鎮大坪頂遺址》。國立台灣大學人類學研究所碩士論文。

邱鴻霖

2008　《台灣史前時代拔齒習俗的社會意義研究》。論文發表於環台灣地區考古學國際研討會暨 2007 年度台灣考古工作會報 V-D-1。國立台灣大學人類學系主辦。

邱鴻霖、陳有貝

2016　《左鎮人再研究》。台北：國立台灣博物館。

金關丈夫

1943　〈台湾先史時代に於ける北方文化の影響〉，刊於《台湾文化論叢1》：1-16 頁，台北：清水書店。

1955　〈八重群島の古代文化〉，《民族学研究》19(2)：107-141。

柯思莊

1964　〈記營埔最近發現的幾件巴圖石器〉，《國立台灣大學考古人類學刊》23/24：106-108。

胡家瑜、崔伊蘭

1998　《台大人類學系伊能藏品研究》。台北：國立台灣大學出版中心。

洪曉純

2005a　〈台灣及其鄰近島嶼的史前文化關係：兼論南島語族的起源問題〉，刊於《中國東南沿海島嶼考古學研討會論文集》：249-269 頁，陳仲玉、潘建國主編，連江：連江縣政府。

2005b　〈試論菲律賓玻璃珠——兼談台灣玻璃珠〉，刊於《台灣地區外來物質：珠子與玻璃環玦形器研討會論文集》：81-94 頁，台北：中央研究院歷史語言研究所。

2013　〈從中國東南沿海到太平洋——由考古學新證據看南島語族史前史〉，刊於《東亞考古的新發現：第四屆國際漢學會議論文集》：279-331 頁，陳光祖、臧振華主編，台北：中央研究院。

2016　〈台灣東部與菲律賓群島的史前人群交流〉，刊於《台灣東半部一千年前後的文化樣相會議論文集》：211-229 頁，台北：中央研究院歷史語言研究所。

後藤雅彥

2012　〈農業考古と図像資料〉，《地理歷史人類學論集》3：5-14。

宮本延人
　　1939 〈台湾先史時代概論〉，刊於《人類先史学講座 10》：1-57 頁，東京：雄山閣。

秦貞廉
　　1940 《漂流臺灣チョプラン嶋之記：享和三年癸亥》。臺北：臺湾愛読会。

高宮広土
　　1994 〈先史時代の沖縄本島におけるヒトの適応過程〉，《古文化談叢》30：1089-1108。

高宮広衛
　　1994 〈琉球諸島の先史時代〉，刊於《沖縄の歴史と文化：海上の道の探究》：17-44 頁，金関恕、高宮広衛主編，東京：吉川弘文館。

凌純聲
　　1956 〈中國台灣與東南亞的巴圖石匕兵器及其在太平洋與美洲之分布〉，《國立臺灣大學考古人類學刊》7：1-21。
　　1963 〈華南與東亞及中美洲的樹皮布石打棒〉，刊於《樹皮布印文陶與造紙印刷術發明》：185-210 頁，凌純聲主編，台北：中央研究院民族學研究所。

凌曼立
　　1963 〈台灣與環太平洋的樹皮布文化〉，刊於《樹皮布印文陶與造紙印刷術發明》：211-257 頁，凌純聲主編，台北：中央研究院民族學研究所。

海部陽介
　　2016 《日本人はどこから来たのか》。東京：文藝春秋。

能登健
　　1987 〈縄文農耕論〉，刊於《論争・学説日本の考古学 3 縄文時代 II》：1-29 頁，桜井清彦、坂詰秀一主編，東京：雄山閣。

馬場悠男
　　2000 〈港川人は琉球人の祖先か――島嶼適応の観点から〉，刊於《琉球、東アジアの人と文化：高宮廣衛先生古稀記念論集（下卷）》：413-426 頁，高宮廣衛先生古稀記念論集刊行会主編，沖繩：高宮廣衛先生古稀記念論集刊行会。

移川子之藏
　　1934　〈「バツ」を周る太平洋文化交渉問題と臺灣發見の類似石器に就て〉,刊於《台北帝国大学文政学部史学科研究年報第一輯》：429-449頁,台北帝国大学文政学部主編,台北：台北帝国大学。

移川子之藏、宮本延人、馬淵東一
　　1935　《台湾高砂族系統所属の研究》。東京：刀江書院。

陳文山、楊小青
　　2012　〈海岸變遷與人類活動〉,《地質》31(2)：72-75。

陳文達
　　1993 [1719]　《清・鳳山縣志》。南投：台灣省文獻委員會。

陳仲玉
　　1994　《曲冰》。中央研究院歷史語言研究所田野工作報告之二。台北：中央研究院歷史語言研究所。
　　1998　〈台灣史前的玉器工業〉,刊於《東亞玉器I》：336-349頁,鄧聰主編,香港：香港中文大學中國考古藝術研究中心。

陳仲玉、邱鴻霖
　　2013　《馬祖亮島島尾遺址群發掘及「亮島人」修復計畫》。連江縣政府文化局委託馬祖亮島考古隊執行。

陳有貝
　　1997　〈中國大陸東南地區出土史前銅器、鐵器分布的分析與討論〉,《台灣省立博物館年刊》40：177-194。
　　1999　《中國東南地方における新石器時代の地域関係と文化接觸》。日本九州大学大学院比較社会文化研究科博士論文。
　　2000a　〈台灣史前文化架構下的大陸要素〉,《國立台灣大學考古人類學刊》54：115-132。
　　2000b　〈照葉樹林文化理論———史前兩岸文化傳播研究的另一個線索〉,《田野考古》7(1/2)：1-16。
　　2002a　〈琉球列島與台灣史前關係研究〉,《國立台灣大學考古人類學刊》58：1-35。
　　2002b　《從生業看台灣與先島群島史前關係》。人類學的比較與詮釋國際學術研討會。國立台灣大學人類學系主辦。

2004　〈小馬龍洞遺址試掘報告〉，《田野考古》8：123-142。
2007　〈史前台灣的兩縊型網墜與投網技術〉，《國立台灣大學考古人類學刊》67：117-155。
2013　〈花東地區出土石杵的意義與研究〉，《田野考古》16(2)：81-100。
2014　〈琉球列島與台灣史前關係的再研究：從古代地理意識之角度〉，《國立台灣大學考古人類學刊》81：3-28。
2015　《宜蘭縣大竹圍遺址搶救發掘成果報告》。宜蘭縣文化局委託國立台灣大學人類學系執行。
2016a　〈台湾の巨石文化について〉，《九州考古学》91：63-84。
2016b　〈台湾の旧石器時代の諸問題〉，刊於《考古学は科学か：田中良之先生追悼論文集（下）》：1127-1136頁，田中良之先生追悼論文集編集委員会主編，福岡：中国書店。
2016c　〈台湾先史時代の漁撈研究〉，《東南アジア考古学》36：19-32。
2020a　《淇武蘭遺址考古學研究論文集》。新北：華藝數位。
2020b　《游耕農業——台灣島嶼的史前文化特色》。論文發表於台灣史前文化與原住民人文生態學術研討會。中央研究院歷史語言研究所主辦。

陳有貝、尹意智、姚書宇
2016　《花蓮縣富源遺址範圍及文化內涵調查研究計畫》。花蓮縣政府文化局委託國立台灣大學人類學系執行。

陳其南
2014　〈臺灣「南島問題」的探索：臺灣原住民族研究的一些回顧〉，刊於《重讀台灣：人類學的視野——百年人類學回顧與前瞻》：133-215頁，林淑容、陳中民、陳瑪玲編，新竹：清華大學出版社。

陳叔倬
2014a　〈基因（血緣）「擴散而稀薄」是否合理？——回應黃樹仁的〈沒有唐山媽？拓墾時期台灣原漢通婚之研究〉〉，《台灣社會研究季刊》94：143-153。
2014b　〈血緣可能擴散而稀薄，基因不可能：再回應黃樹仁〈基因當然可能擴散而稀薄分佈〉〉，《台灣社會研究季刊》96：185-200。

陳奇祿、唐美君
- 1958 〈台灣排灣群諸族木雕標本圖錄（二）〉,《國立台灣大學考古人類學刊》12：57-115。

陳淑均
- 1993 [1852] 《噶瑪蘭廳志》。臺灣文獻叢刊第一六〇種。臺北：臺灣銀行經濟研究室。

許木柱、廖守臣、吳明義
- 2001 《台灣原住民史：阿美族史篇》。南投：台灣省文獻委員會。

國分直一
- 1950 〈台湾考古学研究簡史〉,《台湾文化》6(1)：9-15。
- 1959 〈台湾先史時代の石刀——石庖丁、石鎌および有柄石刀について〉,《民族学研究》23(4)：261-298。
- 1981a 《台湾考古民族誌》。東京：慶友社。
- 1981b 《壺を祀る村：台湾民俗誌》。東京：法政大學出版局。
- 1995 《東アジア地中海の道》。東京：慶友社。

國立成功大學考古學研究所
- 2020 《花蓮縣考古遺址普查計畫（第一期）》。花蓮縣文化局委託國立成功大學（考古學研究所）執行。

曹永和
- 1991 〈環中國海域交流史上的台灣和日本〉,《台灣風物》41(1)：17-43。

張光直
- 1954 〈台灣的史前遺物（一）石刀形制之分類及其系統〉,《公論報副刊：台灣風土》161：248-250。
- 1987 〈中國東南海岸考古與南島語族起源問題〉,《南方民族與考古》1：1-14。
- 1995a 〈中國古代文明的環太平洋的底層〉。原載《遼海文物學刊》1989(2)。引自《中國考古學論文集》：273-283頁，張光直著，台北：聯經。
- 1995b 〈新石器時代的台灣海峽〉。原載《考古》1989(6)：541-550。引自《中國考古學論文集》：189-206頁，張光直著，台北：聯經。

康芸宥
  2013　《以植物矽酸體分析和陶器壓痕翻模法探討卑南遺址的植物遺留》。國立台灣大學人類學研究所碩士論文。

康培德
  2001　〈十七世紀的西拉雅人生活〉，刊於《平埔族群與台灣歷史文化論文集》：1-31頁，詹素娟、潘英海主編，台北：中央研究院台灣史研究所籌備處。

鳥居龍藏
  1897　〈台湾に於ける有史以前の遺跡〉，《地学雑誌》9(11)：503-506。
  1925　《有史以前の日本》。東京：磯部甲陽堂。

埴原和郎
  1995　《日本人の成り立ち》。京都：人文書院。

郭素秋
  1995　《台東縣馬武窟溪流域史前遺址調查與研究》。國立台灣大學人類學研究所碩士論文。
  2009　〈從考古資料看排灣文化的起源問題〉。論文發表於南島國際學術研討會議。國立臺灣史前文化博物館主辦。
  2013　《花蓮縣縣定遺址——掃叭遺址與公埔遺址範圍及內涵研究計畫成果報告》。花蓮縣文化局委託社團法人台灣打里摺文化協會執行。
  2018　《台灣四、五千年前的考古文化與良渚文化之關係：以片鋸切割技法為例》。論文發表於大坌坑文化與周邊區域關係探討學術研討會。中央研究院歷史語言研究所主辦。

陸泰龍
  2018　《再看「大坌坑文化」》。論文發表於大坌坑文化與周邊區域關係探討學術研討會。中央研究院歷史語言研究所主辦。

鹿野忠雄
  1930a　〈台湾東海岸巨石文化遺跡に就て（一）〉，《人類学雑誌》45(7)：273-285。
  1930b　〈台湾東海岸巨石文化遺跡に就いて（二）〉，《人類学雑誌》45(9)：362-374。

1946 《東南亜細亜民族学先史学研究（下卷）》。東京：矢島書房。

連照美
1979 〈台灣的有槽石棒〉，《大陸雜誌》58(4)：164-178。
1996 《都蘭遺址考古學研究報告》。台東縣政府委託國立台灣大學人類學系執行。
1998 〈七世紀到十二世紀的台灣——台灣鐵器時代文化及相關問題〉，《國立台灣大學考古人類學刊》53：1-11。
2002 〈台灣史前時代貝器工業初探〉，刊於《石璋如院士百歲祝壽論文集：考古、歷史、文化》：299-327頁，宋文薰、李亦園、張光直主編，台北：南天書局。

連照美、宋文薰
1986 《卑南遺址發掘資料整理報告第三卷：遺址堆積層次及文化層出土遺物之分析研究》。教育部委託國立台灣大學文學院人類學系執行。

黃士強
1974 〈台南縣歸仁鄉八甲村遺址調查〉，《國立台灣大學考古人類學刊》35/36：62-68。
1984 《台北芝山巖遺址發掘報告》。台北：台北市文獻委員會。
1985 〈試論中國東南地區新石器時代與台灣史前文化的關係〉，《國立台灣大學文史哲學報》34：1-24。
1991 〈從小馬洞穴談台灣地區先陶時期文化〉，《田野考古》2(2)：37-54。

黃士強、陳有貝
1990 《東河地區遺址試掘及史前文化重建》。行政院文化建設委員會委託國立臺灣大學人類學系執行。

黃士強、劉益昌
1993 《台東縣東河橋南引道考古遺址搶救發掘報告》。內政部委託國立台灣大學人類學系執行。

黃國恩
2013 〈卑南遺址陶杯的初步考察〉，刊於《土理土器：台灣史前陶容器特展標本圖錄》：76-86頁，李坤修、黃郁倫、夏麗芳主編，台東：

國立台灣史前文化博物館。

黃智慧
1997 〈人群漂流移動史料中的民族接觸與文化類緣關係：與那國島與台灣〉，《國立台灣大學考古人類學刊》52：19-41。
2010 〈「東台湾海」文化圏の視点から見た与那国の島際関係史〉，刊於《与那国島町史第二巻（民俗編）》：34-51頁，与那国町史編纂委員会事務局主編，沖縄：与那国町役場。

黃應貴
1997 〈對於台灣考古「學」研究之我見：一個人類學者的觀點〉，《國立台灣大學考古人類學刊》52：129-139。

植木武
1978 《南太平洋の考古学：ミクロネシアへの招待》。東京：学生社。

渡辺誠
1988 〈縄文・弥生時代の骨角製漁具〉，刊於《装身具と骨角製漁具の知識》：83-153頁，江坂輝弥、渡辺誠著，東京：東京美術。

喬健
1959 〈台灣土著諸族屈肢葬調查初步報告〉，《國立台灣大學考古人類學刊》15/16：95-125。

鈴木尚
1983 《骨から見た日本人のルーツ》。東京：岩波新書。

鈴木重良
1935 〈台湾における稲の自生品に就いて〉，《日本学術協会報告》10(1)：161-165。

嵩元政秀、安里嗣淳
1993 《日本の古代遺跡：沖縄》。大阪：保育社。

溫天賜
2014 《台灣史前時代巴圖形器研究》。國立台灣大學人類學研究所碩士論文。

楊式挺
1990 〈試論閩台粵先秦考古學文化關係〉，《福建文博》1990(增刊)：

42-55。

葉美珍
2009 〈台灣東海岸新出土獸形玉飾初步研究〉，刊於《2009 南島國際學術研討會論文集》：165-184 頁，童春發主編，台東：國立台灣史前文化博物館。
2018 《以台灣大坌坑文化陶器刻劃紋探討文化關聯性》。論文發表於大坌坑文化與周邊區域關係探討學術研討會。中央研究院歷史語言研究所主辦。
2020 〈台東縣金崙遺址之發掘與研究——兼論三和文化中期面相〉，《東台灣研究》27：3-66。

趙金勇
1994 《台東縣長濱鄉長光遺址發掘報告》。國立台灣大學人類學研究所碩士論文。

臧振華
1989 〈試論台灣史前史上的三個重要問題〉，《國立台灣大學考古人類學刊》45：85-106。
2012 〈再論南島語族的起源與擴散問題〉，《南島研究學報》3(1)：87-119。
2013 《論長濱文化的年代與類緣》。論文發表於八仙洞遺址保護與研究國際學術研討會。文化部文化資產局主辦。
2016 〈台灣原住民的源流：考古學的證據與觀點〉，刊於《考古、歷史與原住民：台灣族群關係研究新視野》：139-163 頁，洪麗完主編，台北：南天書局。

臧振華、李匡悌
2013 《南科的古文明》。南科考古發現系列叢書（一）。台東：國立台灣史前文化博物館。

臧振華、李匡悌、朱正宜
2006 《先民履跡：南科考古發現專輯》。台南：台南縣政府。

臧振華、陳文山、李匡悌、曾于宣、陳文連
2016 〈八仙洞遺址的考古進展及保存現況〉，刊於《2015 年台灣考古工作會報論文集（上）》：209-223 頁，中央研究院歷史語言研究所主

辦，台東：國立台灣史前文化博物館。

臧振華、張光仁

1996 〈曾文溪上游流域史前文化遺址遺物整理及嘉義縣阿里山鄉 Yingiana 遺址試掘簡報〉，刊於《台灣西部環境變遷及資源管理之研究（1）曾文溪流域研究論文彙報〔三〕》，南港：中央研究院。

厲以壯

2011 〈2009-2011 雲林縣古坑・大坪頂遺址搶救發掘〉，刊於《2010 年台灣考古工作會報研討會論文集（下冊）》：8-iv-1-18 頁，國立台灣史前文化博物館主辦，台北：國立台灣史前文化博物館。

2015 《淡水新市鎮配水池新建工程水碓尾遺址搶救發掘暨施工中文化監看工作成果報告書》。世久營造探勘工程股份有限公司委託社團法人台灣打里摺文化協會執行。

劉克竑

1986 〈從考古遺物看蔦松文化的信仰〉，《人類與文化》22：20-29。

2010 《嘉義縣太保市魚寮遺址》。台中：國立自然科學博物館。

劉良璧

1961 [1740] 《清・重修福建臺灣府志》。台北：臺灣銀行經濟研究室。

劉益昌

1995 〈第九十九回台灣研究研討會紀錄：史前文化與原住民關係初步探討〉，《台灣風物》45(3)：75-98。

劉益昌、江芝華、邱水金、李貞瑩

2017 《宜蘭縣丸山遺址 1998 年發掘整理報告》。宜蘭：宜蘭縣立蘭陽博物館。

劉益昌、邱水金、戴瑞春

2001 《宜蘭縣大竹圍遺址受北宜高速公路頭城交流道匝道影響部分發掘研究報告》。宜蘭：宜蘭縣政府。

劉益昌、陳俊男、顏廷仔

2004 《台東縣史前遺址內涵暨範圍研究——台東平原以南及蘭嶼地區》。台東縣政府委託中央研究院歷史語言研究所執行。

劉益昌、潘常武、顏廷予、陳俊男、林美智、許理清
  2000　《台東縣史前遺址：海岸山脈東側與綠島》。台東縣政府委託中央研究院歷史語言研究所執行。

鄧聰
  1999　〈古代香港樹皮布文化發現及其意義淺釋〉，《東南文化》123：30-33。
  2003　〈東亞出土樹皮布石拍的考古學考察〉，刊於《史前與古典文明：第三屆國際漢學會議論文集》：77-123頁，臧振華主編，台北：中央研究院歷史語言研究所。

盧泰康、邱鴻霖
  2012　《雲林縣古笨港遺址範圍與文化內涵先期研究計畫期末報告書》。雲林縣政府委託國立台南藝術大學執行。

關華山
  2017　〈卑南遺址史前建築的復原推導〉，刊於《2016年台灣考古工作會報論文集》：424-457頁，國立自然科學博物館主辦，台中：國立自然科學博物館。

藤森榮一
  1963　〈繩文中期文化の構成〉，《考古学研究》9(4)：18-29。

Bellwood, Peter
  1978　*Man's Conquest of the Pacific: The Prehistory of Southeast Asia and Oceania*. Auckland: Collins.

Chang, Kwang-chih
  1969a　Book review on "Changpinian: A Newly Discovered Preceramic Culture from the Agglomerate Caves on the East Coast of Taiwan (Preliminary Report)" *Asian Perspectives* 12: 133-136.
  1969b　*Fengpitou, Tapenkeng, and the Prehistory of Taiwan*. Yale University Publication in Anthropology, no. 73. New Haven: Yale University Press.
  1986　*The Archaeology of Ancient China*, 4th edition. New Haven: Yale University Press.

Hung, Hsiao-Chun, Yoshiyuki Iizuka, Peter Bellwood, Kim Dung Nguyen, Bérénice Bellina, Praon Silapanth, Eusebio Dizon, Rey Santiago, Ipoi Datan and Jonathan H. Manton
    2007   Ancient Jades Map 3,000 Years of Prehistoric Exchange in Southeast Asia. *Proceedings of the National Academy of Sciences of the United States of America* 104(50): 19745-19750.

Iizuka, Yoshiyuki and Hsiao-Chun Hung
    2005   Archaeomineralogy of Taiwan Nephrite: Sourcing Study of Nephrite Artifacts from the Philippines. *Journal of Austronesian Studies* 1(1): 35-81.

Li, Kuang-Chou
    1983   Problem raised by the K'eng-ting excavation of 1977. *Bulletin of the Department of Anthropology* 43: 86-116.

Matisoo-Smith, Elizabeth
    2015   Ancient DNA and the Human Settlement of the Pacific: A review. *Journal of Human Evolution* 79: 93-104.

Movius, Hallam L. Jr.
    1948   The Lower Palaeolithic Cultures of Southern and Eastern Asia. *Transactions of the American Philosophical Society* 38(4): 329-420.

Service, Elman R.
    1975   *Origins of the State and Civilization: The Process of Cultural Evolution.* New York: Norton.

Shutler, Richard Jr. and Jeffrey C. Marck
    1975   On the Dispersal of the Austronesian Horticulturalists. *Archaeology & Physical Anthropology in Oceania* 10(2): 81-113.

Sinoto, Yosihiko H.
    1974   A "Patu" from Huahine, Society Islands. *The Journal of the Polynesian Society* 83(3): 366-367.

```
國家圖書館出版品預行編目（CIP）資料

山林裡的南島語族：台灣原住民族群的形成論 /
陳有貝著. -- 新北市：華藝數位股份有限公司
學術出版部出版：華藝數位股份有限公司發行，
2022.04
　面；　公分
ISBN 978-986-437-196-9（平裝）
1.CST: 臺灣原住民族　2.CST: 考古學
536.33　　　　　　　　　　111003191
```

山林裡的南島語族──台灣原住民族群的形成論

作　　者／陳有貝
責任編輯／謝宇璇
封面設計／張大業、林語揚
版面編排／許沁寧

發 行 人／常效宇
總 編 輯／張慧鉎
業　　務／賈采庭

出　　版／華藝數位股份有限公司　學術出版部（Ainosco Press）
　　　　　地　　址：234 新北市永和區成功路一段 80 號 18 樓
　　　　　電　　話：(02)2926-6006　傳真：(02)2923-5151
　　　　　服務信箱：press@airiti.com

發　　行／華藝數位股份有限公司
　　　　　戶名（郵政／銀行）：華藝數位股份有限公司
　　　　　郵政劃撥帳號：50027465
　　　　　銀行匯款帳號：0174440019696（玉山商業銀行 埔墘分行）

法律顧問／立暘法律事務所　歐宇倫律師

　　ISBN ／ 978-986-437-196-9
　　 DOI ／ 10.978.986437/1969
出版日期／ 2022 年 4 月
定　　價／新台幣 680 元

版權所有・翻印必究　　Printed in Taiwan
（如有缺頁或破損，請寄回本社更換，謝謝）